KB186455

한국의 토익 수험자 여러분께,

토익 시험은 세계적인 직무 영어능력 평가 시험으로, 지난 40여 년간 비즈니스 현장에서 필요한 영어능력 평가의 기준을 제시해 왔습니다. 토익 시험 및 토익스피킹, 토익라이팅 시험은 세계에서 가장 널리 통용되는 영어능력 검증 시험으로, 160여 개국 14,000여 기관이 토익 성적을 의사결정에 활용하고 있습니다.

YBM은 한국의 토익 시험을 주관하는 ETS 독점 계약사입니다.

ETS는 한국 수험자들의 효과적인 토익 학습을 돕고자 YBM을 통하여 'ETS 토익 공식 교재'를 독점 출간하고 있습니다. 또한 'ETS 토익 공식 교재' 시리즈에 기출문항을 제공해 한국의 다른 교재들에 수록된 기출을 복제하거나 변형한 문항으로 인하여 발생할 수 있는 수험자들의 혼동을 방지하고 있습니다.

복제 및 변형 문항들은 토익 시험의 출제의도를 벗어날 수 있기 때문에 기출문항을 수록한 'ETS 토익 공식 교재'만큼 시험에 잘 대비할 수 없습니다.

'ETS 토익 공식 교재'를 통하여 수험자 여러분의 영어 소통을 위한 노력에 큰 성취가 있기를 바랍니다.

감사합니다.

Dear TOEIC Test Takers in Korea,

The TOEIC program is the global leader in English-language assessment for the workplace. It has set the standard for assessing English-language skills needed in the workplace for more than 40 years. The TOEIC tests are the most widely used English language assessments around the world, with 14,000+ organizations across more than 160 countries trusting TOEIC scores to make decisions.

YBM is the ETS Country Master Distributor for the TOEIC program in Korea and so is the exclusive distributor for TOEIC Korea.

To support effective learning for TOEIC test-takers in Korea, ETS has authorized YBM to publish the only Official TOEIC prep books in Korea. These books contain actual TOEIC items to help prevent confusion among Korean test-takers that might be caused by other prep book publishers' use of reproduced or paraphrased items.

Reproduced or paraphrased items may fail to reflect the intent of actual TOEIC items and so will not prepare test-takers as well as the actual items contained in the ETS TOEIC Official prep books published by YBM.

We hope that these ETS TOEIC Official prep books enable you, as test-takers, to achieve great success in your efforts to communicate effectively in English.

Thank you.

입문부터 실전까지 수준별 학습을 통해 최단기 목표점수 달성!

ETS TOEIC® 공식수험서
스마트 학습 지원

구글플레이, 앱스토어에서
ETS 토익기출 수험서 다운로드

구글플레이   앱스토어

ETS 토익 모바일 학습 플랫폼!
ETS® 토익기출 수험서 [어플]

교재 학습 지원
1. 교재 해설 강의
2. LC 음원 MP3
3. 교재/부록 모의고사 채점 및 분석
4. 단어 암기장

부가 서비스
1. 데일리 학습(토익 기출문제 풀이)
2. 토익 최신 경향 무료 특강
3. 토익 타이머

모의고사 결과 분석
1. 파트별/문항별 정답률
2. 파트별/유형별 취약점 리포트
3. 전체 응시자 점수 분포도

ETS TOEIC 공식카페 ▾
etstoeicbook.co.kr

ETS 토익 학습 전용 온라인 커뮤니티!
ETS TOEIC® Book [공식카페]

강사진의 학습 지원   토익 대표강사들의 학습 지원과 멘토링

교재 학습관 운영   교재별 학습게시판을 통해 무료 동영상
강의 등 학습 지원

학습 콘텐츠 제공   토익 학습 콘텐츠와 정기시험
예비특강 업데이트

---

www.ybmbooks.com에서도 무료 MP3를 다운로드 받을 수 있습니다.

토익®스피킹
기출문제집

최신개정 12회

토익 스피킹
기출문제집

최신개정 12회

발행인	허문호
발행처	YBM

편집	김준하, 허유정, 윤경림, 정윤영
디자인	김혜경, 이현숙
마케팅	정연철, 박천산, 고영노, 김동진, 박찬경, 김윤하

초판 발행	2019년 6월 27일
개정1판 발행	2021년 7월 9일
개정2판 5쇄 발행	2024년 1월 2일

신고일자	1964년 3월 28일
신고번호	제300-1964-3호
주소	서울시 종로구 종로 104
전화	(02) 2000-0515 [구입문의] / (02) 2000-0345 [내용문의]
팩스	(02) 2285-1523
홈페이지	www.ybmbooks.com

ISBN	978-89-17-23887-7

ETS® TOEIC®

토익® 스피킹 기출문제집

최신개정 12회

Greetings to all *TOEIC*® Speaking test takers in Korea!

By preparing for the *TOEIC*® test, you have already taken an important step towards building your English-language proficiency. The aim of **the ETS TOEIC® Speaking Actual Tests–12 Forms** is to help you learn to demonstrate your proficiency, both in real life and on the *TOEIC*® Speaking test. Your *TOEIC*® Speaking test score will be an invaluable credential to add to your résumé, letting potential employers know that you have the skills to communicate effectively in a range of settings and situations using spoken English. As evidence of your language proficiency, the *TOEIC*® Speaking test score will open opportunities to you throughout your lifetime.

The ETS TOEIC® Speaking Actual Tests–12 Forms contains 12 real test forms, sample responses, and explanations all developed or reviewed by ETS test developers and meeting ETS standards of quality. Use this resource to familiarize yourself with the test format, test content, and tools for success, and practice with test questions created by the same specialists who develop the actual *TOEIC*® Speaking test.

The features of **the ETS TOEIC® Speaking Actual Tests–12 Forms** include:

- 12 test forms' worth of questions (132 questions in total) created by ETS test development specialists
- Questions of the same quality and difficulty level as those in administered *TOEIC*® Speaking test forms
- Questions developed according to the highest standards of reliability, fairness, and validity in assessment
- Authentic successful responses reviewed by ETS
- Illuminating explanations of successful responses provided by ETS test development specialists
- The same voice actors and narrators that you will hear in a *TOEIC*® Speaking test administration

Studying with **the ETS TOEIC® Speaking Actual Tests–12 Forms** will help you prepare for a successful experience taking the *TOEIC*® Speaking test. Once you have reviewed and practiced with the materials in the book, you can rest assured that you have the best possible preparation for the *TOEIC*® Speaking test.

We wish you all the best in your language-learning endeavors and beyond. Good luck!

출제기관이
독점 공개하는
토익스피킹
최신 기출 12회분!

❯ 최신 기출 문제가 담긴 최고의 교재

이 책에는 TOEIC Speaking 정기 시험 최신 기출 문제 12세트가 수록되어 있습니다. 출제 기관이 독점 공개한 최신 문제로 시험에 확실하게 대비할 수 있습니다.

❯ 출제기관이 직접 만든 모범답변 및 고득점 노하우가 담긴 해설

다른 어떤 토익스피킹 책에서는 볼 수 없는 출제기관인 ETS의 모범 답변이 문항별로 제시되어 있습니다. 고득점을 받기 위한 팁들도 함께 실려 있습니다

❯ 실제 시험과 100% 동일한 온라인 실전테스트 12회 제공

출제기관에서 제공한 기출 문제를 실제 시험과 동일한 CBT 환경에서 풀어 보며 실전 상황에 100% 대비할 수 있습니다.

# 토익스피킹 기초 정보

▶ *TOEIC*® Speaking Test 구성

- **문제 수**   총 11개의 문제로 구성되어 있으며, 5개의 문제 유형으로 나뉩니다.
- **시 간**   약 20분 정도 소요됩니다.
- **평 가**   1-10번 문제는 0-3점, 11번 문제는 0-5점 범위 내에서 각각 1점 단위로 평가됩니다. 총점은 0점에서 200점의 점수 범위로 환산됩니다.

문제 번호	문제 유형	답변 준비 시간	답변 시간	평가 기준	채점용 점수
1 ~ 2	Read a text aloud 문장 소리 내어 읽기	각 45초	각 45초	- 발음 - 억양 및 강세	0-3
3 ~ 4	Describe a picture 사진 묘사	45초	각 30초	(위 항목들 포함) 문법, 어휘, 일관성	0-3
5 ~ 7	Respond to questions 듣고 질문에 답하기	각 3초	5번: 15초 6번: 15초 7번: 30초	(위 항목들 포함) - 내용의 관련성 - 내용의 완성도	0-3
8 ~ 10	Respond to questions using information provided 제공된 정보를 사용하여 질문에 답하기	정보 읽는 시간: 45초 답변 준비 시간: 각 3초	8번: 15초 9번: 15초 10번: 30초	위 모든 항목들	0-3
11	Express an opinion 의견 제시하기	45초	60초		0-5

- TOEIC Speaking and Writing Tests는 한국TOEIC위원회의 Computer-based test (CBT) 방식으로 실시합니다.
- ETS 인증 센터 네트워크를 통해 문제가 송신되는 것으로 수험자는 기존의 TOEIC 시험과 같은 지필 방식이 아닌 컴퓨터상에서 음성을 녹음하는 방식으로 시험을 치르게 됩니다.
- CBT 방식으로 효율적이고 표준화된 그리고 공정한 방법으로 수험자의 답변을 기록하고 시험 후 피드백을 할 수 있습니다.

❯ *TOEIC*® Speaking Test 노트테이킹(note-taking) 허용

- 2019년 6월 1일 시험부터 TOEIC Speaking and Writing Tests에 응시하는 모든 수험자들은 시험센터에서 제공받은 규정 메모지(스크레치 페이퍼)와 필기구를 사용하여 시험 중 자유롭게 메모가 가능합니다.

  ※ TOEIC Speaking, TOEIC Writing 시험 모두 메모 가능

- 이때, 센터에서 제공되지 않은 메모지(스크래치 페이퍼)나 필기구는 사용할 수 없으며 개인이 지참한 물품도 사용할 수 없습니다.

- 메모는 시험 시작 직후부터 가능하며, 시험이 종료되면 모든 수험자들은 반드시 사용한 메모지(스크래치 페이퍼)와 필기구를 반납해야 합니다.

❯ *TOEIC*® Speaking Test 채점 과정

ETS 인증 Rater > Calibration Test 응시 > Calibration Test 통과 > 응시자 답변 채점

- Scoring Leader(채점 총괄 책임자)와 시험 개발자들이 채점 과정을 감독 및 모니터합니다.

- Calibration Test는 ETS 전문 채점관(Rater)이 채점 당일 반드시 치러야 하는 시험으로, 기존에 채점한 답변 내용 중 무작위로 출제되는 답변 내용들을 다시 채점하여 기존의 성적 결과와 일정 수준 이상 동일해야만 채점에 참여할 수 있습니다.

온라인 실전테스트 활용법

▶ 온라인 실전테스트 www.ybmbooks.com

ETS의 TOEIC Speaking Test와 100% 동일한 환경에서 12회분 모두 온라인 실전테스트로 연습할 수 있습니다. 크롬(Chrome), 사파리(Safari), 파이어폭스(FireFox) 웹 브라우저를 이용해 위 웹사이트에서 이 교재를 검색하여 도서 소개 부분에 있는 링크를 클릭해 들어가세요. 본인이 녹음한 답변은 웹 테스트를 마친 후 다시 들어 볼 수 있으며, 웹 브라우저를 닫으면 저장되지 않고 사라집니다. 마이크가 장착된 헤드셋 준비하시는 것 잊지 마세요.

1 온라인 실전테스트 인증

테스트를 시작하려면 인증 절차를 거쳐야 합니다. 왼쪽과 같은 초기 화면이 나오면, START 버튼을 클릭하시고 몇 페이지 몇 행의 어떤 단어를 입력해 넣으라는 메시지에 따라 해당 단어를 타이핑하세요. 인증 후 테스트를 시작할 수 있습니다.

2 Home 화면, 실전테스트 시작하기

총 12회분의 실전테스트가 준비되어 있습니다. 원하는 테스트 번호를 클릭하여 들어가면 시험을 시작할 수 있습니다. 시험 후 Home 버튼을 누르고 이 페이지 하단의 '답변 듣기' 버튼을 누르시면 녹음된 본인 답변을 들으실 수 있습니다.

3 헤드셋 및 마이크 점검

본격적으로 테스트가 시작되기 전에 헤드셋 점검을 합니다. 사운드가 잘 들리는지, 마이크가 제대로 작동하는지, 본인의 목소리가 녹음되는지 확인하세요.

4 테스트 후 녹음 확인

테스트가 다 끝난 후에는 Home 화면 하단 '답변 듣기' 버튼을 누르시면 녹음된 본인의 답변을 확인할 수 있습니다. 더불어 ETS가 제공한 모범 답변도 들을 수 있습니다.

5 온라인 테스트 관련 문의

온라인 테스트가 기술적인 문제로 잘 작동하지 않을 시 초기 화면의 우측 상단에 있는 'Q & A' 버튼을 눌러 문제점을 작성해주세요.

※인터넷 접속 환경에서 가능합니다. 책 발행 시점부터 5년까지 온라인 테스트를 이용할 수 있습니다. 스마트폰으로는 이용할 수 없고, 컴퓨터로만 이용 가능합니다.

➡️ 목차

➡️ 파트별 고득점 전략

> Part 1   아래 3가지 발음 포인트에 유의하여 읽으세요.

1 강세

중요한 정보를 전달하는 단어를 다른 단어보다 강하게 읽어 주세요.

1 의미 전달에 중요한 역할을 하는 명사와 동사를 강하게 읽어 주세요.

The registration form must be submitted by the first of July.
등록 양식을 7월 1일까지 제출하셔야 합니다.

2 숫자와 고유명사를 강하게 읽어 주세요.

Flight 751 to Sydney is now departing from gate 16.
시드니로 향하는 751편 항공기는 16번 탑승구에서 출발합니다.

3 부정어를 강하게 읽어 주세요.

Don't forget that you can find our bus in Area C.
버스가 C 구역에 있다는 것을 잊지 마세요.

4 비교급과 최상급을 강하게 읽어 주세요.

We provide the fastest internet service in the city.
저희는 지역 내 가장 빠른 인터넷 서비스를 제공합니다.

5 명사구(형용사 + 명사)는 두 단어 모두 강하게 읽어 주세요.

international company	luxurious design	excellent service
국제 회사	고급스러운 디자인	훌륭한 서비스

2 억양

단어의 마지막 음을 상황에 맞게 올리거나 내려 주세요.

1 콤마가 붙은 단어는 마지막 음을 올려 주세요.

To leave a message↗, please press one.

메시지를 남기시려면 1번을 눌러주세요.

2 3개의 명사(형용사)가 열거된 경우 첫 두 항목의 마지막 음은 올려 주시고, 세 번째 항목은 내려 주세요.

Visit our website for more information about our new collection↗, discounted products↗ and upcoming events↘.

저희 웹사이트를 방문하셔서 새로운 컬렉션, 할인된 제품들과 다가오는 이벤트에 대한 더 많은 정보를 얻으세요.

3 의문문은 마지막 음을 올려 줍니다.

Are you looking for the elevators? ↗

엘리베이터를 찾고 계신가요?

3 끊어 읽기

적절한 곳에서 문장을 끊어 읽으면 더 자연스럽게 발음할 수 있습니다.

1 접속사 and, or, but, as 앞에서 끊어 읽어 주세요.

Welcome / and thank you for coming to the seminar.

세미나에 참여하신 여러분을 환영하며, 감사의 말씀을 드립니다.

2 관계대명사 that, what, which 앞에서 끊어 읽어 주세요.

We will meet various animals / that live in the water.

우리는 물 속에 사는 다양한 동물들을 만나볼 것입니다.

3 분사구문 앞에서 끊어 읽어 주세요.

We are going to review the data / presented in the meeting.

우리는 회의에서 제출된 데이터를 분석할 것입니다.

4 3단어 이상의 긴 주어의 경우 동사 앞에서 끊어 읽어 주세요.

Our hours of operation / are from 11 A.M. to 10 P.M.

저희 영업시간은 오전 11시부터 오후 10시까지입니다.

> Part 2

아래의 템플릿을 활용하여 사진을 묘사해 보세요.

1단계 장소 설명 1문장	I think this picture was taken in a kitchen. 저는 이 사진이 부엌에서 찍혔다고 생각합니다.
2단계 인원수 설명 1문장	There are 3 people in it. 사진에는 3명의 사람들이 있습니다.
3단계 주요 대상 설명 3-4개 대상	On the left side of the picture, a woman is cooking something in a frying pan. 사진의 왼쪽에, 한 여자가 프라이팬에 뭔가를 요리하고 있습니다. She is wearing a blue jacket. 그녀는 파란 재킷을 입고 있습니다. In the middle of the picture, a girl is reading a book at a table. 사진의 가운데에, 한 여자아이가 테이블에 앉아서 책을 읽고 있습니다. Next to her, a boy is using a laptop computer. 그녀의 옆에, 한 남자아이가 노트북 컴퓨터를 사용하고 있습니다. In the background of the picture, there is a large window. 사진의 배경에, 커다란 창문이 있습니다.
4단계 느낌 및 의견 1문장	It seems like the woman is cooking something for her children. 여자가 아이들을 위해 요리를 하는 것처럼 보입니다.

1단계 장소 설명

- It looks like this picture was taken in a kitchen. 이 사진은 부엌에서 찍힌 것 같습니다.
- This picture shows a busy office scene. 이 사진은 분주한 사무실 모습을 보여줍니다.

2단계 인원수 설명

- There are four people in this picture. 사진에 네 명의 사람들이 있습니다.
- I can see four people in this picture. 사진에 네 명의 사람들이 보입니다.

3단계 주요 대상 설명

① 사진 속 위치 설명

- In the middle of the picture 사진의 가운데에
- On the left side of the picture 사진의 왼쪽에
- On the right side of the picture 사진의 오른쪽에
- At the top of the picture 사진의 위쪽에
- At the bottom of the picture 사진의 아래쪽에
- In the foreground of the picture 사진의 앞쪽에
- In the background of the picture 사진의 배경에

② 대상 묘사

- 인물 : 대상의 위치 + 주어 + 동사의 진행형

  In the middle of the picture, three people are talking to each other.
  사진의 가운데에, 세 사람이 서로 이야기를 하고 있습니다.

- 사물 : 대상의 위치 + (there is 명사 / I can see 명사)

  On the right side of the picture, there is a tall tree.
  사진의 오른쪽에, 커다란 나무가 있습니다.

4단계 느낌 및 의견

- It seems like they are concentrating on 명사. 그들이 ~에 집중하고 있는 것 같다
- It seems like the 장소 is very (quiet / noisy / crowded). 장소가 무척 (조용한/시끄러운/혼잡한) 것 같다

> Part 3   세 개의 질문에 아래와 같은 전략을 참고하여 답변해 보세요.

5~6번 문제 답변 전략

❶ 주어 선정

질문의 you를 I로 바꾸거나, 'the+명사' 부분을 답변의 주어로 사용하세요.

Q When was the last time you went to a park and what did you do there?

마지막으로 공원에 간 적이 언제이며, 거기서 무엇을 했나요?

A The last time I went to a park was last month and I took a walk there.

제가 마지막으로 공원에 간 적은 지난달이며, 거기서 산책을 했습니다.

---

❷ 다음 세부 사항에 유의해서 답변하기

의문사 시제   의문사 시제

Q When was the last time you went to a park and what did you do there?

크게 말하기   크게 말하기

A The last time I went to a park was last month / and I took a walk there.

일정한 속도로 말하기   (끊어읽기) 일정한 속도로 말하기

---

① 시제를 확인해서 답변합니다.

② 의문사를 확인해서 답변합니다.

③ 의문사에 대한 답변 부분을 크게 말해 줍니다.

④ 일정한 속도로 말해 줍니다.

7번 문제 답변 전략

① 입장 문장 만들기

질문의 표현을 이용해서 입장 문장을 만들어 주세요.

Q Do you think parks in your town are a good place to relax? Why or why not?

당신이 사는 지역 내 공원이 휴식을 취하기에 좋은 장소라고 생각하나요? 그 이유는 무엇인가요?

A I think parks in my town are a good place to relax.

저는 저희 지역 내 공원이 휴식을 취하기에 좋은 장소라고 생각합니다.

② 한두 가지 이유 만들기

입장을 뒷받침하는 한두 가지 이유를 설명하세요. 답변 시간이 남으면 추가 문장을 통해 보강 설명을 해주세요.

First, we can enjoy various outdoor activities such as badminton in the parks.

첫째로, 우리는 공원에서 배드민턴 같은 다양한 야외활동을 즐길 수 있습니다.

Second, there are many trees in the parks.

둘째로, 공원에는 많은 나무가 있습니다.

So, they are good places to relieve stress from studying or working. **◀ 추가 문장**

그래서, 공부나 업무로부터의 스트레스를 해소하기에 좋은 장소입니다.

③ 마무리 문장 만들기

입장 문장을 다시 한번 말하며 답변을 마무리합니다.

Therefore, I think parks in my town are a good place to relax.

따라서, 저는 저희 지역 내 공원이 휴식을 취하기에 좋은 장소라고 생각합니다.

Part 4

아래와 같은 샘플 지문에 대한 답변을 참고하세요.

샘플 지문 1 프로그램 일정

<table>
<tr><td colspan="2" align="center">**7th Magazine Conference of Canada**
March 9th
Vancouver, Four Queens Hotel</td><td>**1**</td></tr>
<tr><td>10:00 ~ 10:30</td><td>Welcome Speech (Lynda Park)</td><td></td></tr>
<tr><td>10:30 ~ 11:30</td><td>Lecture : The Future of Magazines (Rebecca Waters)</td><td>**3**</td></tr>
<tr><td>11:30 ~ 12:30</td><td>Magazine Marketing Strategies (Sharon Raymond)</td><td></td></tr>
<tr><td>12:30 ~ 2:00</td><td>Lunch</td><td></td></tr>
<tr><td>2:00 – 3:00</td><td>Panel Discussion : Online Magazines</td><td>**2**</td></tr>
</table>

1 시간 및 장소 문제 답변

The conference will be held on March 9th at The Four Queens Hotel.

컨퍼런스는 3월 9일에 포퀸즈호텔에서 열릴 것입니다.

2 사람 이름이 없는 프로그램 문제 답변

A panel discussion on online magazines is scheduled for 2 P.M.

온라인 잡지에 대한 공개 토론회가 오후 2시에 예정되어 있습니다.

There will be a panel discussion on online magazines at 2 P.M.

오후 2시에 온라인 잡지에 대한 공개 토론회가 있을 것입니다.

3 사람 이름이 있는 프로그램 문제 답변

Rebecca Waters will give a lecture on the future of magazines at 10:30 A.M.

레베카 워터스가 오전 10시 30분에 잡지의 미래에 대한 강연을 할 것입니다.

A lecture on the future of magazines will be given by Rebacca Waters at 10:30 A.M.

잡지의 미래에 대한 강연이 오전 10시 30분에 레베카 워터스에 의해 진행될 것입니다.

Thompson Career Training Center

Courses in Publishing

January 20-March 24 **①**
Fee: $80/course

Course	Day	Time	
Advertising : A Key to Success	Mondays	6:00 - 7:00 P.M.	
Marketing New Publications	Tuesdays	10:00 - 11:30 A.M.	**③**
Career Options in Publishing	Wednesdays	5:00 - 7:00 P.M.	
Finding Skilled Writers	Fridays	5:00 - 8:00 P.M.	
Owning and Running a Magazine	~~Fridays~~ *Thursdays*	6:00 - 8:00 P.M.	**②**
Improving Process Management	Saturdays	9:00 - 11:00 A.M.	**④**

① 기간 및 비용 문제 답변

The courses will be held from January 20th to March 24th and it is $80 per course.

강좌들은 1월 20일부터 3월 24일까지 열리며, 수강료는 각 과정당 80달러입니다.

② 변경된 항목 문제 답변

Actually, it has been rescheduled to Thursdays.

그 과정은 매주 목요일로 변경되었습니다.

③ 강좌 상세 정보 설명 1

There will be a course on marketing new publications on Tuesdays from 10 to 11:30 A.M.

매주 화요일 오전 10시부터 11시 30분까지 새로운 출판물 마케팅에 대한 강좌가 있을 것입니다.

④ 강좌 상세 정보 설명 2

You can participate in a course on improving process management on Saturdays from 9 to 11 A.M.

매주 토요일 오전 9시부터 11시까지 절차 관리 개선에 관한 강좌에 참여할 수 있습니다.

> Part 5 아래와 같은 4단계 템플릿을 참고해 의견을 말해 보세요.

Do you agree or disagree with the following statement?
Using an e-mail at work is more effective way of communication than a face-to-face conversation.

다음의 의견에 찬성하시나요, 반대하시나요?
직장에서 이메일을 사용하는 것이 대면 대화보다 더 효과적인 의사소통 방식이다.

1단계 입장 결정하기

질문의 표현을 이용해서 자신의 입장을 설명하세요.

찬성 / 반대 문제일 때	I agree/disagree that S + V. 저는 ~라는 의견에 찬성/반대합니다.
선택 사항 중 고르는 문제일 때	I think A is the best way to + V 저는 A가 ~할 수 있는 최선책이라고 생각합니다. I would prefer to ~, because S + V. 저는 ~하기를 선호하는데 그 이유는 ~하기 때문입니다.

2단계 이유 설명

선택한 입장에 대한 이유를 다음과 같은 표현들을 활용해 설명하세요.

- First of all, we can reduce mistakes at work. Also, ~.   우선은, 우리는 직장에서 실수를 줄일 수 있습니다. 또한, ~
- Most of all,   무엇보다도,
- For one thing, S + V. (For another, S + V.)   첫째로, ~ (또한, ~)
- I have this opinion because I believe (that) S + V.   저는 ~라고 생각하기 때문에 이러한 의견을 가지고 있습니다.
- The main reason is that (if S + V,) S + V.   주된 이유는 (만약 ~하다면) ~이기 때문입니다.
- That's because S + V.   이유는 ~하기 때문입니다.

3단계　예시 설명

이유를 뒷받침하기 위한 구체적인 사례를 설명하세요.

1 When I was a new employee, I preferred a face-to-face conversation.

제가 신입사원이었을 때 저는 대면 대화를 선호했습니다.

2 But sometimes, I forgot or misunderstood what they said.

그런데 때때로 저는 직원들이 말한 것을 잊어버리거나 오해했습니다.

3 So, I communicate with my coworkers by e-mail nowadays.

그래서 요즘에는 저는 그들과 이메일로 소통을 합니다.

4 As a result, I can check e-mail again when I'm not sure.

그 결과 저는 확실히 모르겠을 때 이메일을 다시 확인할 수 있습니다.

TIPS

- 기승전결을 갖춘 스토리텔링 형식의 사례(경험담)를 3~4문장으로 설명해주세요. 꼭 사실에 기반한 아이디어를 만들지 않아도 됩니다.

- 다음 중 하나의 표현을 사용해서 예시를 시작해주세요.

  When I was a [명사],　제가 ~이었을 때,
  About [시간] ago,　약 ~전에,
  In the case of my [명사],　~의 경우,

- 적합한 연결어를 이용해서 각 문장을 자연스럽게 연결해 주세요.

  연결 | So, 그래서　　　Also, 또한　　　　　For example, 예를 들면
  역접 | However, 그러나　But one day, 그런데 어느날　But nowadays, 그런데 요즘엔
  결과 | As a result, 그 결과　Therefore, 따라서

4단계　결론

- Therefore, I agree that S + V.　그래서 저는 ~라는 의견에 동의합니다.
- For this reason[these reasons], I think (that) S + V　이러한 이유(들)로, 저는 ~라고 생각합니다

  I prefer to + V　저는 ~하기를 선호합니다.

- So, because S + V, I would prefer to+V　그래서 ~하기 때문에 저는 ~하고 싶습니다
- That's why I + V ~　그래서 저는 ~합니다

모범 답변 및
고득점 노하우

01

Q1 안내

🎧 T01_R_01

Good **evening** and **welcome** to our **performance**.↘ // On **behalf** of the **Woodson Dance Company**, / I'd like to **thank** you for **supporting** the **arts**.↘ // Tonight's program will feature the **folk music**,↗ **traditional costumes**,↗ and **visual art** of the **Caribbean**.↘ // **Because** this is the **final show** of our **season**, / there will be a **reception** in the **lobby** after our **program**.↘

안녕하세요. 저희 공연에 오신 것을 환영합니다. 저희 우드슨 공연단을 대표하여 공연을 후원해 주시는 여러분께 감사 드립니다. 오늘 밤 공연은 카리브해 지역의 민속 음악과 전통 의상, 시각 예술이 어우러진 무대가 될 것입니다. 오늘 밤이 이번 시즌의 마지막 공연이므로, 공연이 끝난 후에 로비에서 축하 파티가 열릴 예정입니다.

어휘 | performance 공연 on behalf of ~를 대표하여 feature 특색으로 삼다, 포함하다 visual art 시각 예술 reception 축하 파티, 환영회

🔊 **고득점 노하우**

• morning, afternoon, evening에는 항상 강세가 옵니다.
• performance의 발음에 유의하세요. 두 번째 음절 'for'에 강세가 옵니다.
• traditional의 발음에 유의하세요. 두 번째 음절 'di'에 강세가 옵니다.
• Caribbean처럼 발음이 어려운 명사는 잘못 읽어도 감점 사유가 되지 않으니 자신 있게 발음하세요.

Q2 광고

🎧 T01_R_02

Are you **looking** for **accommodations** in **Stanton Beach** for your **summer vacation**?↗ // During the **months of June**,↗ **July**,↗ and **August**, / hotel prices can be **extremely high**.↘ // But **Bondwell Rentals** offers **furnished houses** and **apartments** for **large groups** at **very reasonable prices**.↘ // And **all** of our **properties** are just **steps** away from the **ocean**!↘ // To **learn more**, / **contact** our **office today**!↘

스탠튼 비치에서 여름휴가를 즐길 숙소를 구하고 계십니까? 6, 7, 8월에는 호텔 요금이 무척 비쌀 수 있습니다. 하지만 저희 본드웰 렌탈즈는 여러 명이 묵을 수 있고 가구 및 가전이 갖춰진 주택과 아파트를 최적의 가격으로 제공합니다. 또한 모든 건물이 바다와 인접해 있습니다! 자세한 사항을 알고 싶으시면 오늘 저희 사무실로 연락 주십시오!

어휘 | accommodation (각종 서비스를 제공하는) 숙박시설 rental 임대, 대여 furnished 가구 등이 비치된 reasonable 합리적인, 적당한 property 부동산, 건물 just steps away 아주 가까운, 인접한

🔊 **고득점 노하우**

• accommodations의 발음에 유의하세요. 네 번째 음절 'da'에 강세가 옵니다.
• 모음이 두 개 연속으로 사용된 beach는 길게 발음해주세요.
• 대명사로 쓰이는 all이나 each에는 항상 강세가 옵니다.

Q3 여러 사람이 등장하는 사진

🔆 브레인스토밍

장소: taken in a supermarket 슈퍼마켓에서 찍은

주요 대상: a man, reaching for some groceries 남자. 식료품에 손을 뻗고 있는
wearing a red vest 붉은 조끼를 입고 있는
a woman, handing over a credit card 여자. 신용카드를 건네고 있는

주변 대상: some people, standing in a row 사람들, 줄을 서 있는
products displayed on the shelves 선반에 진열되어 있는 상품들

ANSWER

🎧 T01_R_03

사진소개	**I think this picture was taken** in a supermarket. **There are** several people **in this picture**.	이 사진은 슈퍼마켓에서 찍은 것 같습니다. 사진에는 여러 명의 사람들이 있습니다.
주요대상	**On the right side of the picture**, a man is reaching for some groceries to put them in the paper bag. He is wearing a red vest. **On the left side of the picture**, a woman is handing over a credit card to the cashier.	사진 오른편에는, 한 남자가 종이 봉지에 담으려고 식료품에 손을 뻗고 있습니다. 붉은색 조끼를 입고 있네요. 사진 왼편에는, 한 여자가 계산대 직원에게 신용카드를 건네고 있습니다.
주변대상및느낌	**Behind** them, some people are standing in a row. **In the background of the picture, I can see** a variety of products displayed on the shelves.	그들 뒤에는 사람들이 줄을 서 있습니다. 사진 뒤편에는, 선반에 진열된 다양한 상품들이 보입니다.

📢 고득점 노하우

- reach의 발음에 유의하세요. rich처럼 들리지 않도록 길게 발음해주세요.
- 모든 인물에 인상착의를 더할 필요는 없습니다. 비중이 큰 인물만 인상착의를 추가로 설명해주세요.
- hand over A to B 대신에 pass A to B(passing a credit card to the cashier)를 사용할 수도 있습니다.
- 같은 동작을 하는 사람들을 한 문장으로 함께 설명하면 시간 절약에 도움이 됩니다.

Q4 여러 사람이 등장하는 사진

🎙 브레인스토밍

장소: on the street 길거리에서
주요 대상: standing on a stage 무대에 서있는
preparing for a musical performance 음악 공연을 준비하는
looking at the stage 무대를 쳐다보는
holding an umbrella 우산을 들고 있는
주변 대상: many buildings 많은 건물들

ANSWER

 T01_R_04

사진 소개	I think this picture was taken on the street. There are many people in this picture.	이 사진은 길거리에서 찍은 것 같습니다. 사진에는 많은 사람들이 있습니다.
주요 대상	In the middle of the picture, some people are standing on a stage. I think they are preparing for a musical performance. In the foreground of the picture, some people are looking at the stage. A man on the left is holding a large umbrella.	사진 한가운데에 사람들이 무대 위에 서 있습니다. 그들은 음악 공연을 준비하고 있는 것 같습니다. 사진 앞부분에는 몇몇 사람들이 무대를 쳐다보고 있습니다. 왼쪽의 한 남자는 큰 우산을 들고 있습니다.
주변 대상 및 느낌	In the background of the picture, I can see many buildings. It doesn't seem to be raining much.	사진의 배경에는 많은 건물들이 보입니다. 비가 많이 오지는 않는 것 같습니다.

📢 고득점 노하우

• 같은 동작을 하는 사람들은 한 문장으로 함께 설명해주세요
• 거리(street) 앞에는 정관사 the를 사용해주세요.
• 사진 안에 여러 대상이 보이는 경우 중요도가 높은 사물을 먼저 설명해주세요.

Q5~Q7 휴대폰 어플 관련 설문 조사

🔊 Imagine that an English-language technology magazine is doing research in your area. You have agreed to participate in a telephone interview about mobile applications, or apps. Apps are computer programs designed to be used on devices like tablets or mobile phones.

첨단기술 전문 영어 잡지가 당신이 거주하는 지역에서 설문 조사를 한다고 가정해 보세요. 당신은 휴대폰 앱에 대한 전화 인터뷰에 응하기로 했습니다. 앱은 태블릿이나 휴대폰 등의 기기들에 사용하기 위해 만든 컴퓨터 프로그램입니다.

Q5
🎧 T01_R_05

Q Do you use mobile apps regularly? Why or why not?	휴대폰 앱을 자주 사용하시나요? 그 이유는 무엇인가요?
A I use mobile apps regularly. **It's because** they are very helpful to my work.	저는 휴대폰 앱을 자주 씁니다. 일하는 데 도움이 많이 되거든요.

🔊 고득점 노하우
- 이유를 설명할 때는 it's because 표현을 사용해주세요.
- 추가 답변: It's because I use them for my work. 그것을 업무에 사용하기 때문입니다.

Q6
🎧 T01_R_06

Q If you wanted to purchase an app, would you be more likely to buy an app for learning or for entertainment? Why?	만약 앱을 구매한다면, 학습용과 오락용 중 어느 쪽 앱을 구매할 것 같으신가요? 그 이유는 무엇인가요?
A I would be more likely to buy an app for entertainment because I like playing mobile phone games.	오락용 앱을 구입할 것 같습니다. 휴대폰으로 게임하는 걸 좋아하거든요.

🔊 고득점 노하우
- 추가 답변 (learning): because I study foreign languages on my smartphone 스마트폰으로 외국어 공부를 한다

Q7
🎧 T01_R_07

Q If you wanted to purchase an app, which of the following would most influence your decision? Why? • A friend's recommendation • Advertisements for the app • The popularity of the app	만약 앱을 구매하게 된다면 다음 중 어떤 것이 당신의 결정에 가장 영향이 클 것 같은가요? 그 이유는 무엇인가요? • 친구의 추천 • 앱 광고 • 앱의 인기도
A I think a friend's recommendation would most influence my decision. First, I can get honest opinions from them. I think most advertisements are exaggerated. Second, we have similar tastes in using apps. Therefore, I think a friend's recommendation would most influence my decision.	친구의 추천이 제 결정에 가장 큰 영향을 줄 것 같습니다. 첫째, 솔직한 의견을 들을 수 있기 때문이죠. 광고는 대부분 과장이 심하거든요. 둘째로, 우리는 앱을 쓰는 취향이 서로 비슷하니까요. 따라서, 친구의 추천이 제 결정에 가장 큰 영향을 줄 것 같습니다.

🔊 고득점 노하우
- 답변 시간이 부족하면 마지막 마무리 문장은 생략하세요.
- exaggerated(과장된)은 Part 3과 6에서 활용도가 높은 어휘이니 꼭 익혀두세요.

Q8~Q10 박물관 행사 일정

Historical Education Museum

August Event Schedule

Date	Time	Event
August 2	10:00–11:00 A.M.	Presentation: Ancient Chinese Architecture
August 5	Noon–1:30 P.M.	Lecture: Early Farming Practices
August 9	1:00–2:00 P.M.	Behind-the-Scenes Museum Tour
August 10	1:00–2:00 P.M.	Behind-the-Scenes Museum Tour
August 12	9:30–11:30 A.M.	History Trivia (register by August 9)
August 20	3:00–4:30 P.M.	Fun with Fossils
August 27	1:00–7:00 P.M.	Food History Festival

역사교육박물관
8월 행사 일정

날짜	시간	행사
8월 2일	오전 10:00 - 11:00	프레젠테이션: 중국의 고대 건축
8월 5일	정오 - 오후 1:30	강연: 초기 농업 기법
8월 9일	오후 1:00 - 2:00	미공개 소장품 관람
8월 10일	오후 1:00 - 2:00	미공개 소장품 관람
8월 12일	오전 9:30 - 11:30	역사 상식 교육 (신청 마감: 8월 9일)
8월 20일	오후 3:00 - 4:30	재미있는 화석 소개
8월 27일	오후 1:00 - 7:00	음식의 역사 축제

Hello, one of my friends was telling me about your August event calendar. I'm calling to learn a little more about the events you're having.

안녕하세요. 박물관의 8월 행사 일정에 대해 친구한테 이야기를 들었는데요. 예정된 행사에 관해 조금 더 자세히 알고 싶어서 전화 드립니다.

Q8

T01_R_08

Q	What is the date of the lecture about early farming practices, and what time does it start?	초기 농업 기법에 대한 강연은 며칠에 있고, 몇 시에 시작하나요?
A	The lecture will be held on August 5th and it will start at noon.	그 강연은 8월 5일에 있을 예정이고 정오에 시작될 겁니다.

📢 **고득점 노하우**

• 시간과 장소를 설명할 때는 will be held 표현을 사용하세요.

• 날짜를 설명할 때는 서수를 사용합니다. 1부터 31까지 서수로 숫자를 읽는 법을 익혀두세요.

Q9

T01_R_09

Q	I'm really excited about the Food History Festival on August 27th. That starts at 11 o'clock in the morning, right?	8월 27일에 열릴 음식의 역사 축제가 정말 기대되는데요. 오전 11시에 시작되는 게 맞는 거죠?
A	I'm sorry, but you have the wrong information. It is scheduled for 1 P.M.	죄송하지만, 잘못 알고 계시네요. 그 행사는 오후 1시로 예정되어 있습니다.

📢 **고득점 노하우**

• 8번 문제의 질문이 right? 혹은 Do I?로 끝나는 경우 질문자는 대개 잘못된 정보를 가지고 있습니다.
I'm sorry, but you have the wrong information.과 같은 표현을 이용해서 답변을 시작해주세요.

Q10

T01_R_10

Q	Events that take place in the morning are especially convenient for me. Can you give me all the details about the events that take place in the morning?	저한테는 오전에 있는 행사가 더 가기 좋은데요. 오전에 열리는 행사들에 대해 자세히 알려주실 수 있을까요?
A	There are two scheduled events in the morning. First, there will be a presentation on ancient Chinese architecture on August 2nd from 10 to 11 A.M. Second, history trivia is scheduled for August 12th from 9:30 to 11:30 A.M. and you need to register by August 9th.	오전에 열리는 행사는 두 가지입니다. 첫째는 8월 2일 오전 10시부터 11시까지 열리는 중국의 고대 건축에 관한 발표이고, 두 번째는 8월 12일 오전 9시 30분부터 11시 30분까지로 예정된 역사 상식 교육입니다. 참가 신청은 8월 9일까지 하셔야 합니다.

📢 **고득점 노하우**

• 프레젠테이션이나 강연의 주제 앞에는 전치사 on을 사용해주세요.

• 답변 시간이 부족하다면 끝나는 시간은 제외하고 시작 시간만 말해주세요.

Q11 찬반 : 리더의 협상 능력

Do you agree or disagree with the following statement?

In order for business leaders to be successful, they need to be skilled at negotiating.

Give specific reasons or examples to support your opinion.

다음의 주장에 대해 찬성하십니까, 반대하십니까?

경영자로서 성공을 하려면 협상 수완이 뛰어나야 한다.

당신의 생각을 뒷받침할 구체적인 이유나 사례를 제시하세요.

어휘 | **business leader** 기업주, 경영인 **skilled** 노련한, 전문적인 **negotiate** 협상[교섭]하다

ANSWER

🎧 T01_R_11

입장	**I agree that** in order for business leaders to be successful, they need to be skilled at negotiating.	성공적인 경영자가 되려면 협상 수완이 좋아야 한다는 데 동의합니다.
이유 및 예시 1	**First of all,** negotiation is necessary when hiring employees. You have to negotiate employees' salaries to get the employees you want at the price you can afford.	우선, 직원을 채용할 때 협상은 필수적인 일입니다. 원하는 사람을 지급 가능한 연봉으로 채용하려면 연봉 협상을 해야만 하겠죠.
이유 및 예시 2	**Also,** being a good negotiator is important for the success of the company. Business leaders need to be good negotiators to make deals. If you can make good deals that benefit your company, your company will make a profit.	또한, 회사의 성공을 위해서는 뛰어난 협상자가 되어야 한다는 점도 중요합니다. 경영자들은 거래를 하기 위해 능숙한 협상가가 되어야 할 필요가 있습니다. 회사에 유리하게끔 좋은 거래를 할 수 있다면 회사가 이윤을 낼 수 있을 것입니다.
결론	**Therefore, I agree that** in order for business leaders to be successful, they need to be skilled at negotiating.	그러므로 성공적인 경영자가 되기 위해서는 협상 수완이 좋아야 한다는 말에 동의합니다.

어휘 | **salary** 급여 **afford** 여유가 되다 **make a deal** 거래하다, 협상하다 **make a profit** 이윤을 내다, 수익을 올리다

📣 고득점 노하우

• 이유를 말하기 시작할 때 자주 사용되는 표현으로는 First of all, Most of all, It's because 등이 있습니다.
그 후, 다음 세 가지 표현을 이용해서 이유 문장을 더 쉽게 만들 수 있습니다.
 ① S + can + V　　　　　　 ~할 수 있다
 ② It is + 형용사 + to + V　 ~하는 것이 (형용사)하다
 ③ There are + N　　　　　　~가 있다

• 위의 모범 답변처럼 자신의 생각을 기술하는 것이 어렵다면 협상 수완이 좋은 지인의 경험담을 설명해도 좋습니다.

모범 답변 및
고득점 노하우

02

Q1 일기 예보

In **weather** news **this week**, / the **Cooperstown** area is going to get **significantly cooler**.↘ // After having such a **hot** and **humid August**, / it will be a **nice change** to see some **lower temperatures**.↘ // **Expect** cool breezes, cloudy skies, and occasional rain showers.↘

이번 주 일기 예보입니다. 쿠퍼스타운 지역은 기온이 상당히 내려가겠습니다. 덥고 습했던 8월이 지나고, 기온이 좀 내려가는 쾌적한 날씨가 되겠습니다. 선선한 미풍과 함께 구름이 좀 끼겠으며, 때때로 소나기도 예상됩니다.

어휘 | significantly (두드러질 정도로) 상당히 humid 습한, 눅눅한 breeze 산들바람, 미풍 occasional 가끔의

📢 **고득점 노하우**

• 월과 요일에는 항상 강세가 옵니다.
• significantly의 발음에 유의하세요. 두 번째 음절 'ni'에 강세가 옵니다.
• temperatures의 'rature' 발음에 유의하세요. '-레이쳐'가 아닌 '-러쳐'와 유사한 소리가 납니다.
• 문장이 동사로 시작하는 경우 동사를 크게 발음해주세요.

Q2 방송

When we **return** from the **commercial break**,↗ I'll be **talking** with **Maria Gonzalez** / about the **housing market**.↘ // As an **experienced real estate agent**, / **Maria** has seen nearly **every** situation / you may **encounter**.↘ // She'll be **sharing** her **best tips** for renters,↗ sellers,↗ and buyers.↘ // **Stay tuned**.↘ // We'll be **right** back!↘

광고 뒤에는 마리아 곤잘레스 씨를 모시고 주택 시장에 대해 알아보도록 하겠습니다. 노련한 공인중개사이신 마리아 씨는 여러분이 겪을 수 있는 온갖 상황들을 거의 다 아시는 분이죠. 주택 임대나 매매와 관련해서 최고의 조언을 해주실 것입니다. 계속 청취해주세요. 잠시 후 뵙겠습니다!

어휘 | commercial break 광고 시간 housing market 주택 시장 real estate agent 부동산 거래중개인, 공인중개사 Stay tuned. 채널 고정하세요.

📢 **고득점 노하우**

• 한정사 all, each, every에는 항상 강세가 옵니다.
• situation의 발음에 유의하세요. 세 번째 음절 'a'에 강세가 옵니다.
• you may encounter 앞에는 관계사가 생략되어 있습니다. 끊어서 읽어주세요.
• 최상급 형용사(best)에는 항상 강세가 옵니다.

Q3 세 사람이 등장하는 사진

🎙️ **브레인스토밍**

장소: taken in an office 사무실에서 찍은
주요 대상: two of the women, talking to each other 여자 두 명, 이야기하는
 using a copy machine 복사기를 사용하는
 have a piece of paper in each hand 양손에 종이를 한 장씩 들고 있는
주변 대상: another woman, reading something 다른 여자 한 명, 무언가를 읽고 있는
 facing a cabinet 캐비닛 쪽을 향하고 있는

ANSWER

🎧 T02_R_03

사진 소개	**I think this picture was taken** in an office. **There are** three people **in this picture**.	이 사진은 사무실에서 찍은 것 같습니다. 사진 속에는 세 사람이 있습니다.
주요 대상	Two of the women are talking to each other. **The woman on the right** is using a copy machine and she is wearing a white shirt. **The woman on the left** has a piece of paper in each hand.	여자 두 명이 이야기를 나누고 있습니다. 오른편 여자는 복사를 하고 있고 흰색 셔츠를 입고 있습니다. 왼편의 여자는 양손에 종이를 한 장씩 들고 있습니다.
주변 대상 및 느낌	**On the left side of the picture**, another woman is reading something. She is facing a cabinet. **It seems like** they are coworkers.	사진 왼쪽에는, 다른 여자 한 명이 무언가를 읽고 있는데, 캐비닛 쪽을 향하고 있습니다. 이들은 같은 사무실 동료들로 보입니다.

📢 **고득점 노하우**

• 여기에서는 우측의 두 여성을 함께 설명한 뒤, 한 명씩 추가로 설명하는 방식을 사용하고 있습니다. 물론 두 여성을 묶지 않고 바로 한 명씩 설명해도 괜찮습니다.
• 전자기기를 사용중인 경우 정확한 동작 표현을 모르겠다면 동사 use를 사용해주세요.
• white의 발음에 유의하세요. '화이트'가 아닌 '와이트'에 가까운 소리가 납니다.
• shirt의 발음에 유의하세요. '츠'가 아닌 '트' 소리가 납니다.

Q4 두 사람이 등장하는 사진

브레인스토밍

장소: on the street 길거리에서
주요 대상: using a luggage carrier 짐 수레를 사용하는
some items are hanging 물건들이 걸려 있다
put some items in the trunk 물건들을 트렁크에 넣다
doors are open 문이 열려 있다
주변 대상: a red bus 빨간 버스

ANSWER

🎧 **T02_R_04**

사진 소개	**This is a picture taken** on the street.	이것은 거리에서 찍은 사진입니다.
주요 대상	**The first thing I can see is** a man using a luggage carrier. Some items are hanging inside the carrier. **On the right side of the picture**, there is another man in a black suit. I think he is trying to put some items in the trunk of a taxi. The doors of the taxi are open.	가장 먼저 보이는 것은 짐 수레를 사용하는 한 남자입니다. 몇 가지 물건들이 수레에 걸려 있습니다. 사진의 오른쪽에는 검은 정장을 입은 다른 남자가 있습니다. 내 생각에 그는 택시 트렁크에 물건을 넣으려고 하는 것 같습니다. 그 택시의 문이 열려 있습니다.
주변 대상 및 느낌	**In the background of the picture**, I can see a red bus. It seems like the bus is for a city tour.	사진 배경에는 빨간 버스가 보입니다. 그것은 시내 관광을 위한 버스인 것 같습니다.

📢 고득점 노하우

- 여행용 짐가방은 carrier가 아니라 suitcase라고 합니다.
- suit는 '슈'가 아니라 '수'와 비슷한 소리가 납니다.
- 짐 수레를 사용 중인 남자가 착용한 모자는 turban이라고 합니다.

Q5~Q7 음원 구매 관련 설문 조사

🔊 Imagine that a music distribution company is conducting research in your country. You have agreed to participate in a telephone interview about buying music.

어떤 음원 유통사가 여러분 나라에서 시장 조사를 한다고 가정해 보세요. 당신은 음원 구매에 관한 전화 인터뷰에 응하기로 했습니다.

Q5
🎧 T02_R_05

Q Do you purchase music often? Why or why not?	음원을 자주 구입하시나요? 그 이유는 무엇인가요?
A I purchase music often because I like listening to new music.	저는 신곡을 듣는 걸 좋아해서 음원을 자주 구입합니다.

📢 고득점 노하우
• 이유 문장은 익숙한 표현을 이용해서 간결하게 만들어주세요.
• purchase의 발음에 유의하세요. '-체이스'가 아닌 '-쳐스'와 유사한 소리가 납니다.

Q6
🎧 T02_R_06

Q When was the last time you purchased music, and what did you buy?	마지막으로 음원을 구입한 것은 언제였고 어떤 걸 구입하셨나요?
A The last time I purchased music was last week, and I bought some classical music.	가장 최근에 음원을 구입한 건 지난주였고, 클래식 음악을 좀 구입했죠.

📢 고득점 노하우
• 의문사 when과 what에 대한 답변 'last week'과 'classical music'을 크게 발음해주세요.
• 클래식 음악은 classic music이라고 하지 않고, classical music이라고 합니다.

Q7
🎧 T02_R_07

Q When buying music, do you prefer to buy CDs, or do you prefer to download music directly to your computer or phone? Why?	음원 구입 시 CD 구입과 컴퓨터나 휴대폰에 다운로드 받는 것 중 어느 쪽을 선호하시나요? 그 이유는 무엇인가요?
A I prefer to download music directly to my phone. It is because I can buy music at a cheaper price. Also, if I download music, it saves time because I can do it at home instead of having to go to a shop. Therefore, I prefer to download music directly to my phone.	제 휴대폰에 다운로드 받는 걸 더 좋아합니다. 가격이 더 싸기 때문이죠. 게다가, 음원을 다운로드받으면 시간도 절약합니다. 음반 가게를 찾아가지 않고, 집에서 구입할 수 있으니까요. 따라서, 저는 휴대폰에 다운로드 받는 쪽을 선호합니다.

📢 고득점 노하우
• 이유를 두 가지 설명하고 답변 시간이 남으면 두 번째 이유와 이어지는 추가 문장을 더해주세요.
  여기에서는 접속사 because를 통해 앞서 말한 시간 절약에 관한 설명을 보강하고 있습니다.
• 두 이유를 설명할 때, 문장 앞에 First와 Second만 사용해야 하는 것은 아닙니다.
  여기에서는 Also를 사용해 두 번째 이유를 추가하고 있습니다.

Q8~Q10 회사 수련회 일정

Jasper Law Firm — Annual Retreat
Eastley Resort, Conference Room 2
Monday, December 20

9:00–10:00 A.M.	Breakfast and Welcome Speech	Paul Jasper, Founder
10:00 A.M.–noon	Competition: Soccer Match (bring sneakers)	
Noon–1:00 P.M.	Lunch	
1:00–2:00 P.M.	Annual Overview Projects	Sue Lee, Office Manager
2:00–2:30 P.M.	Free Time	
2:30–5:00 P.M.	Competition: Trivia Contest (meet in Bremmel Café)	
5:00–7:00 P.M.	Dinner and Closing Remarks	Jade Olson, Senior Partner

재스퍼 법률사무소 – 연례 수련회
이스틀리 리조트, 컨퍼런스룸 2
12월 20일, 월요일

오전 9:00 – 10:00	조식 및 개회사	설립자 폴 재스퍼
오전 10:00 – 정오	시합: 축구 경기 (운동화 지참)	
정오 – 오후 1:00	점심	
오후 1:00 – 2:00	연례 프로젝트 보고회	사무장 수 리
오후 2:00 – 2:30	자유 시간	
오후 2:30 – 5:00	시합: 잡학상식 대결 (장소: 브레멜 카페)	
오후 5:00 – 7:00	석식 및 폐회사	선임 파트너 제이드 올슨

Hi, I'm attending our law firm's annual retreat, but I lost my schedule. I'm hoping you can answer some of my questions.

안녕하세요, 우리 법률사무소의 연례 수련회에 참가할 예정인데요, 일정표를 잊어버렸어요. 몇 가지 궁금한 점에 대해 답해주셨으면 합니다.

Q8

🎧 T02_R_08

Q When is the dinner and who is giving the closing remarks?	석식 시간은 언제이고, 폐회사는 누가 하시기로 되어 있습니까?
A The dinner will be served at 5 P.M. and Jade Olson, the senior partner will give the closing remarks.	석식은 오후 5시이고 폐회사는 선임 파트너 제이드 올슨 씨가 하실 겁니다.

📢 **고득점 노하우**

• 점심과 저녁 식사는 'will be served'를 이용해서 설명해주세요.
• 질문에 사용된 표현을 답변에 그대로 사용해도 문제가 되지 않습니다.

Q9

🎧 T02_R_09

Q I need to make a phone call at two o'clock. Will that be a problem?	2시쯤 전화 통화를 해야 하는데, 그러면 문제가 될까요?
A Fortunately, you have some free time from 2 to 2:30 P.M. So, you can make a phone call at 2.	다행히도 2시부터 2시 30분까지가 자유 시간입니다. 그러니, 2시에 전화 통화를 하실 수 있겠군요.

📢 **고득점 노하우**

• Fortunately 대신에 Actually를 사용할 수도 있습니다.
• P.M.은 뒤에 오는 숫자와 함께 한 번만 말해주세요.

Q10

🎧 T02_R_10

Q I'm really looking forward to participating in some competitions. Can you give me all the details of the competitions that are scheduled?	시합에 참가하고 싶습니다. 예정된 시합들에 대해 자세히 전부 알려주시겠습니까?
A There are two competitions scheduled. First, there will be a soccer match at 10 A.M. and you need to bring your sneakers. Second, a trivia contest will be at Bremmel Café from 2:30 to 5 P.M.	두 가지 시합이 예정되어 있습니다. 첫 번째는 오전 10시에 열리는 축구 시합인데 운동화는 지참하셔야 합니다. 두 번째는 잡학상식 대결인데 오후 2시 30분부터 5시까지 브레멜 카페에서 진행될 예정입니다.

📢 **고득점 노하우**

• 표 안의 괄호 안의 내용도 답변에서 언급을 해주어야 합니다.
• 두 항목을 설명할 때 각기 다른 표현을 쓰는 것이 고득점에 유리합니다.
  예) a trivia contest is scheduled to take place at Bremmel Café from 2:30 to 5 P.M.

Q11 선택: 매출 향상 방법

<table>
<tr>
<td>
What is the best way for a company to improve its sales? Choose ONE of the options provided below, and give reasons or examples to support your opinion.

- By introducing a new product
- By improving its customer service
- By launching an advertising campaign
</td>
<td>
회사의 매출을 향상시키는 가장 좋은 방법이 무엇일까요? 아래 제시한 방법들 중에서 하나를 선택하고, 그렇게 생각한 이유나 사례를 제시하세요.

- 신상품 출시
- 고객 서비스 개선
- 광고 캠페인 개시
</td>
</tr>
</table>

어휘 | **improve** 개선하다 **launch** 시작[개시]하다, 출시하다

ANSWER

🎧 T02_R_11

입장 및 이유	**I think** improving its customer service is the best way for a company to improve its sales, **because** if a company has good customer service, customers will keep buying products from them.	저는 고객 서비스 개선이 회사의 매출을 향상시키는 최선의 방법이라고 생각합니다. 회사의 고객 서비스가 훌륭하다면 고객들이 계속 그 회사의 물건을 구입하게 될 것이기 때문입니다.
예시	**For example,** about two years ago, I bought a smart phone. But, I accidentally dropped it in the water just two days after I bought it. Fortunately, the store I bought it from had great customer service. A representative fixed the phone for free, which really impressed me. So, when I recently bought a new smart phone, I bought a phone from the same store.	예를 들어, 저는 2년 전쯤 스마트폰을 구입했습니다. 그런데 구입한 지 불과 이틀 만에 실수로 물에 빠트리고 말았죠. 다행히도 제가 그 스마트폰을 구입했던 매장의 고객 서비스가 참 좋았습니다. 담당 직원이 무상으로 스마트폰을 수리해 주어 좋은 인상을 받았습니다. 그래서 최근에 새로 스마트폰을 장만할 때 같은 매장에서 구입했죠.
결론	**For this reason, I think** improving its customer service is the best way for a company to improve its sales.	이러한 이유로, 고객 서비스 개선이야말로 회사의 매출을 증진시킬 수 있는 최선의 방안이라고 생각합니다.

어휘 | **accidentally** 잘못하여, 우연히 **representative** 직원, 대표(자) **for free** 무료로, 무상으로 **impress** 깊은 인상[감명]을 주다

📣 고득점 노하우

- 다음의 답변 키워드를 이용해서 다시 한 번 답변해보세요.

  입장: 광고 캠페인 개시

  이유: 사람들의 이목을 쉽게 끌 수 있다 (attract people's attention easily)

  예시: ① 웹서핑을 하던 도중 우연히 광고를 보게 됨 (while surfing the Web, accidentally)

  　　 ② 내 이목을 끌었고, 그 광고를 오랜 시간 보았음 (watched the advertisement for a long time)

  　　 ③ 그 결과 그 제품을 바로 구매했음. (right away)

모범 답변 및
고득점 노하우

03

Q1 방송

T03_R_01

In **local** news, / **officials** at **City Hall** / have **commissioned** **several sculptures** to be **displayed** in **Mason Park**. ↘ // The **sculptures** will be **located** near the **basketball**, **tennis**, ↗ and **handball courts**. ↘ // Because the **works** are being **created** **outdoors**, / the **general public** is **welcome** to **come by** / and take **photographs**. ↘

지역 뉴스입니다. 시청 당국이 메이슨 공원에 전시할 조형물들의 제작을 의뢰했다고 합니다. 이 조형물들은 농구장과 테니스장, 핸드볼 코트가 있는 근처에 들어설 예정입니다. 작품은 야외에 설치될 것이므로, 시민들이 구경하고 사진을 찍기에도 좋을 것입니다.

어휘 | **local** 지역의, 현지의 **official** 공무원[관리] **commission** (미술 작품 등을) 의뢰[주문]하다 **sculpture** 조각품, 조형물 **work** 작품 **general public** 일반 대중, 시민

📢 **고득점 노하우**

• commissioned의 발음에 유의하세요. 두 번째 음절 'mi'에 강세가 옵니다.
• several의 발음에 유의하세요. '세브-' 같은 소리가 납니다.

Q2 자동 응답 메시지

T03_R_02

You have **reached Benny's Shoe Store**. ↘ // **Unfortunately**, ↗ **no one** is available to take your **call** at **this time**. ↘ // For **information** about our **hours**, ↗ **location**, ↗ and **special discounts**, / please **visit** our **Web site**. ↘ // If you would like to **communicate** with a **store associate**, ↗ please **press** "**one**" / and **leave** a **detailed message**. ↘ // An **available associate** will **contact** you **shortly**. ↘

베니 신발 매장입니다. 죄송하지만 지금은 전화를 받을 수 없습니다. 영업 시간이나 매장 위치, 특별 할인행사에 대한 정보를 원하시면 저희 웹사이트를 방문하시기 바랍니다. 매장 직원에게 하실 말씀이 있으시면 1번을 누르시고 메시지를 자세히 남겨주십시오. 직원이 신속히 연락 드리도록 하겠습니다.

어휘 | **communicate with** ~와 대화를 나누다 **store associate** 상점 직원 **shortly** 곧, 이내

📢 **고득점 노하우**

• 부정어 no에는 항상 강세가 옵니다.
• please press "one"의 발음에 유의하세요. please와 숫자 one에 강세가 옵니다.
• 시간부사 shortly에는 항상 강세가 옵니다. now, soon, immediately도 마찬가지입니다.

Q3 두 사람이 등장하는 사진

🔊 브레인스토밍

장소: taken in an office 사무실에서 찍은

주요 대상: a woman, picking up some paper 여자, 서류를 줍고 있는
another woman, sitting in a chair 다른 여자, 의자에 앉아 있는

주변 대상: next to her, a red chair 여자 옆, 빨간색 의자 하나
in front of her, a black laptop 여자 앞, 검은색 노트북

ANSWER

🎧 T03_R_03

사진 소개	**This picture looks like it was taken** in an office. **There are** two people **in this picture.**	이 사진은 사무실에서 찍은 것으로 보입니다. 사진 속에 두 사람이 있습니다.
주요 대상	**On the right side of the picture**, a woman is picking up some paper from the floor. She is wearing a black T-shirt. **On the left side of the picture**, another woman is sitting in a chair. She is looking at the woman picking up the paper.	사진 오른쪽에는 여자 한 명이 바닥에 흩어진 서류를 줍고 있는데, 검은색 티셔츠 차림입니다. 사진 왼쪽에는 또 다른 여자 한 명이 의자에 앉아 있는데, 서류를 줍는 여자를 바라보고 있습니다.
주변 대상 및 느낌	**Next to** her, **I can see** a red chair. And **there is** a black laptop **in front of** her. **It seems like** the woman on the left dropped the paper.	의자에 앉아 있는 여자 옆에는 빨간색 의자가 하나 있습니다. 그리고 앞에는 검은색 노트북이 놓여 있습니다. 왼편의 여자가 서류를 떨어뜨린 것 같습니다.

📢 고득점 노하우

• 등받이가 있는 의자에 앉아 있을 때는 전치사 in을 사용합니다.

• 처음 설명하는 여성에 대명사 she를 바로 쓰지 않도록 유의하세요.

• paper는 셀 수 없는 명사이기 때문에 s를 붙이지 않습니다.

Q4 여러 사람이 등장하는 사진

🎤 브레인스토밍

장소: a ticket counter 매표소
주요 대상: standing at the ticket counter 매표소에 서있다
          waiting for their turn 자기 차례를 기다리다
주변 대상: a blue boat 파란 보트
          parked cars 주차된 차들

ANSWER

🎧 T03_R_04

사진 소개	I think this is a picture of a ticket counter. There are many people in this picture.	이 사진은 매표소 사진인 것 같습니다. 사진에는 많은 사람들이 있습니다.
주요 대상	In the middle of the picture, some people are standing at the ticket counter. Next to them, two men are waiting for their turn. They are wearing T-shirts.	사진 가운데에 몇몇 사람들이 매표소에 서 있습니다. 그들 옆에는 두 남자가 차례를 기다리고 있습니다. 그들은 티셔츠를 입고 있습니다.
주변 대상 및 느낌	At the bottom of the picture, I can see a blue boat. In the background of the picture, there are some parked cars. It seems like the weather is good for outdoor activities.	사진의 아래쪽에는 파란 보트가 보입니다. 사진의 배경에는 몇 대의 차가 주차되어 있습니다. 날씨가 바깥 활동에 좋은 것 같습니다.

📢 고득점 노하우
• 무언가를 이용하기 위해 가까이 서 있을 경우 전치사 at을 사용합니다.
• '기다리다'는 의미의 wait는 전치사 for와 함께 사용되는 경우가 많습니다.
• 과거분사(parked)는 수동의 의미를 가집니다. 과거분사는 사물을 묘사하는데 자주 사용됩니다.

Q5~Q7 인터넷 서비스 관련 설문 조사

🔊 Imagine that an Internet service company is doing research in your area. You have agreed to participate in a telephone interview about Internet service.

어떤 인터넷 서비스 업체가 당신의 거주 지역에서 시장 조사를 한다고 가정해 보세요. 당신은 인터넷 서비스에 관한 전화 인터뷰에 응하기로 했습니다.

Q5
🎧 T03_R_05

Q	About how much time per day do you spend using the Internet at home, and is that more or less than you used the Internet in the past?	집에서 인터넷을 이용하는 시간이 하루에 얼마나 되나요? 그리고 예전에 비해 이용 시간이 늘어났나요, 아니면 줄었나요?
A	I spend about one hour a day using the Internet at home, and that is more than I used the Internet in the past.	집에서 인터넷을 이용하는 시간은 하루에 한 시간 정도인데, 예전보다는 늘어난 편이죠.

📣 고득점 노하우
• 시간 앞에 about을 붙이면 더 자연스러운 문장이 됩니다.
• 두 개의 질문을 함께 묻는 경우, 질문에 사용된 표현을 이용하여 문법에 유의해서 차분히 답변하는 것이 좋습니다.

Q6
🎧 T03_R_06

Q	When was the last time you had to find a new Internet service provider, and were there many companies to choose from?	마지막으로 인터넷 통신사를 교체한 것이 언제였으며, 선택할 수 있는 통신사들이 많았나요?
A	The last time I had to find a new Internet service provider was last year, and there were several companies to choose from.	제가 인터넷 통신사를 마지막으로 교체한 것은 작년이었는데, 선택이 가능했던 통신사들이 몇 군데 있었습니다.

📣 고득점 노하우
• 이번 답변처럼 주어가 긴 경우, 답변에 동사 was를 빠뜨리는 분들이 많습니다. 동사 실수는 감점으로 이어질 수 있으니 조심하세요.

Q7
🎧 T03_R_07

Q	Are you satisfied with your current Internet service provider? Why or why not?	현재 가입해 있는 인터넷 통신사에 만족하시나요? 그 이유는 무엇인가요?
A	I am satisfied with my current Internet service provider. First of all, the price is quite reasonable. Second, the download speed is very fast. I can download a movie within a minute. Therefore, I am satisfied with my current Internet service provider.	저는 현재 사용 중인 인터넷 통신사의 서비스에 만족합니다. 첫째로, 요금이 꽤 적당한 편이죠. 둘째로는, 다운로드 속도가 아주 빠릅니다. 영화 한 편 다운로드받는 데 1분도 안 걸리죠. 따라서 현재 이용하는 인터넷 통신사에 만족하고 있습니다.

📣 고득점 노하우
• 영작이 힘들면 각 이유에 추가 문장을 꼭 붙이지 않아도 됩니다.
• First of all 대신 Most of all이라고 할 수도 있습니다.

Q8~Q10 야외 활동 프로그램

Wide River Outdoor Adventures
230 River Road

Rafting Trips: May through September

Trip Name	Experience Level	Trip Length
Gentle Rider $30.00 per person $20.00 children under 12	Beginner	Half Day Starts at 9 A.M. or 1 P.M.
River Bend $40 per person	Advanced	Half Day Starts at 9 A.M. or 1 P.M.
Roaring Rapids $60 per person	Advanced	Full Day Starts at 8 A.M.

All Rafts and Equipment Provided

와이드 리버 아웃도어 어드벤처
리버로드 230번지

래프팅 체험: 5월 – 9월

래프팅 코스	난이도	소요 시간
젠틀 라이더 1인당 30달러 12세 미만 아동 20달러	초급자 코스	반일 오전 9시 혹은 오후 1시 출발
리버 벤드 1인당 40달러	고급자 코스	반일 오전 9시 혹은 오후 1시 출발
로어링 래피즈 1인당 60달러	고급자 코스	종일 오전 8시 출발
보트 및 장비 일체 제공		

🔊 Hi, I heard about your rafting trips, and I'd like to get some information.

안녕하세요. 래프팅 체험 코스가 있다고 들었는데요. 그에 관한 내용을 좀 알고 싶습니다.

Q8

🎧 T03_R_08

| Q Where are you located, and in what months do you have rafting trips? | 위치는 어디이고, 래프팅 체험을 할 수 있는 기간은 어떻게 되나요? |
| A We are located on 230 River Road and we have rafting trips from May to September. | 저희 사무실 주소는 리버로드 230번지이고 래프팅은 5월부터 9월까지 가능합니다. |

📢 고득점 노하우

• 번지수 앞에는 on이나 at을 사용합니다.
• May, September와 같은 월은 크게 발음해주세요.

Q9

🎧 T03_R_09

| Q I don't own any rafting equipment. Do I need to buy any to go on one of your rafting trips? | 전 래프팅 장비가 없는데요. 래프팅 체험을 하려면 장비를 구입해야 하나요? |
| A That won't be necessary. All rafts and equipment will be provided. | 그러실 필요 없습니다. 보트 및 장비 일체를 저희가 제공합니다. |

📢 고득점 노하우

• equipment는 셀 수 없는 명사입니다.
• 표에 적힌 문장은 동사가 없는 불완전 문장입니다. 답변에 will be를 포함해주세요.

Q10

🎧 T03_R_10

| Q My son has never been rafting before. Can you give me all the details of any trips that are appropriate for a beginner? | 우리 아들은 래프팅 체험이 처음이에요. 초급자에게 맞는 코스에 대해 자세히 전부 알려주시겠어요? |
| A There is one scheduled trip for beginners. Gentle Rider is a half-day-long trip and it starts at 9 A.M. or 1 P.M. It is $30 per person and $20 for children under 12. | 초급자들에게 알맞은 코스가 하나 있습니다. 젠틀 라이더 코스로 소요 시간은 반일 코스인데, 오전 9시 출발과 오후 1시 출발이 있습니다. 1인당 요금은 30달러인데 12세 미만 아동은 20달러입니다. |

📢 고득점 노하우

• 금액을 말할 때는 'It is + 금액' 또는 'You will have to pay + 금액' 표현을 사용해주세요.
• children 앞에 전치사 for를 사용해야 합니다.

Q11 가정: 대중교통 요금 인상

If your city wanted to increase the cost of public transportation in order to buy more environmentally friendly vehicles, would you support that plan? Why or why not? Give reasons or examples to support your opinion.	당신이 거주하는 도시에서 친환경 차량 확충을 위해 대중교통 요금을 인상하려 한다면 그 정책을 지지하실 건가요? 그 이유는 무엇인가요? 자신의 의견을 뒷받침하는 근거나 사례를 제시하세요.

어휘 | **public transportation** 대중교통 **environmentally friendly** 친환경적인 **vehicle** 탈것

ANSWER
🎧 T03_R_11

입장	If my city wanted to increase the cost of public transportation in order to buy more environmentally friendly vehicles, **I would support that plan.**	만약 제가 사는 도시에서 친환경 차량을 확충하기 위해 대중교통 요금 인상을 추진한다면 저는 그 계획을 지지할 것 같습니다.
이유 및 예시 1	**Most of all**, it is helpful to reduce air pollution. **In my city**, there is a lot of traffic. There was a serious air pollution problem about 10 years ago. But since the government introduced environmentally friendly public transportation, the air has been getting cleaner and I can see a blue sky often. So it's worth paying more to keep reducing the air pollution with more environmentally friendly vehicles.	무엇보다도 대기 오염을 줄이는 데 도움이 될 테니까요. 제가 사는 도시는 시내의 교통량이 많습니다. 10년 전쯤에는 대기 오염 문제가 심각했었죠. 하지만 시 당국이 친환경 교통수단을 도입한 덕분에 대기 오염이 줄어들었고 깨끗한 하늘도 자주 보게 되었습니다. 그러므로 친환경 차량들을 더 늘려서 대기 오염을 계속 줄여나가도록 지출을 더욱 늘릴 만한 가치가 있습니다.
이유 2	**And besides**, public transportation is not that expensive, so I think most people would be willing to pay a little more for the environment.	게다가, 대중교통 요금이 그렇게 비싼 편이 아니므로 환경을 위해서라면 시민 대부분이 조금씩 더 내는 것을 주저하지 않으리라 생각합니다.
결론	**Therefore**, I would support that plan.	그러므로 저는 그 계획을 지지할 것입니다.

어휘 | **worth -ing** ~할 가치가 있는 **besides** 게다가, 뿐만 아니라

📢 고득점 노하우

• 다음의 답변 키워드를 이용해서 다시 한 번 답변해보세요.

　입장: 반대

　이유: 비용이 증가하면, 사람들이 대중교통을 이용하지 않을 것이다 (If the costs increase,)

　예시: ① 약 3년 전, 친환경 버스가 서울에 도입이 되었다 (were introduced to Seoul)

　　　　② 하지만 비용이 많이 올랐다 (went up a lot)

　　　　③ 그래서 자가용을 운전을 하는 사람들이 늘었다 (The number of people who drive has increased)

　　　　④ 그 결과, 대기 오염이 더 심해졌다 (got worse)

모범 답변 및
고득점 노하우

04

Q1 광고

Are you **looking** for **fine dining** at an **affordable price**? ↗ // **Stop** by Mr. **Wu's Chinese Restaurant**, / **located downtown** on **Main Street**.↘ // We are **famous** for our **dumplings**, **noodles**, and **desserts**.↘ // For your **convenience**, / our **restaurant** offers **takeout** and **delivery services**!↘

합리적인 가격으로 근사한 식사를 즐길 곳을 찾으십니까? 메인 스트리트 중심가에 위치한 미스터 우의 중국 음식점을 찾아주십시오. 저희 레스토랑은 만두와 면류, 디저트가 맛있기로 유명합니다. 여러분의 편의를 위해 포장이나 배달 서비스도 마련되어 있습니다!

어휘 | fine dining 고급 식당 affordable (가격이) 알맞은 stop by ~에 들르다 dumpling 만두

🔊 고득점 노하우

- affordable의 발음에 유의하세요. '-더블' 같은 소리가 납니다.
- 분사 located 앞에서 끊어 읽어주세요.

Q2 일기 예보

And **now** for **this week's weather forecast**.↘ // In the **Midvale region**, / we are **expecting heavy rain**, **lower temperatures**, ↗ and **wind** from the **northwest**.↘ // Because **rainfall last month** / was **much lower** than **expected**, / **this forecast** should be **welcome news** to our **local farmers**.↘

그러면 이번에는 금주의 날씨를 예보해 드리겠습니다. 미드베일 지역에는 비가 많이 내리면서 기온이 더 떨어지고 북서풍이 일 것으로 예상됩니다. 지난달은 강우량이 예상보다 훨씬 적었으므로 이번 비 예보가 지역 농민들에게는 반가운 소식일 것입니다.

어휘 | rainfall 강우(량) welcome news 희소식, 반가운 소식

🔊 고득점 노하우

- 시간부사 now에는 항상 강세가 옵니다.
- '이번'의 의미를 강조하는 this에는 강세가 옵니다.
- Midvale 같은 고유명사는 틀려도 감점이 크지 않으니 자신 있게 발음하는 것이 중요합니다.
- 주어가 세 단어 이상이면 동사 앞에서 끊어 읽어주세요.

Q3 두 사람이 등장하는 사진

ⓥ 브레인스토밍

장소: taken in a lab 연구실에서 찍은

주요 대상: a man, wearing a green T-shirt, looking at a computer screen
남자, 녹색 티셔츠를 입고 있는, 컴퓨터 모니터를 쳐다보는

a woman, reaching for a box, wearing a lab coat and a pair of gloves
여자, 상자를 향해 손을 뻗는, 실험실 가운을 입고 장갑을 끼고 있는

주변 대상: various items on the shelves 선반 위의 다양한 사물들

ANSWER

🎧 T04_R_03

사진 소개	I think this picture was taken in a lab. There are two people in this picture.	이 사진은 실험실에서 찍은 것 같습니다. 사진에는 두 사람이 있습니다.
주요 대상	In the front of the picture, there is a man who is wearing a green T-shirt. He's looking at a computer monitor. Behind him, a woman is reaching for a box. I think she is taking the box off the shelf. She is wearing a lab coat and a pair of gloves.	사진 앞쪽에는 녹색 티셔츠를 입은 남자가 있는데, 컴퓨터 모니터를 들여다보고 있습니다. 그 남자 뒤편에는, 여자가 상자에 손을 뻗고 있습니다. 선반에서 상자를 내리려는 것으로 짐작됩니다. 그녀는 실험실 가운 차림이며 장갑을 끼고 있습니다.
주변 대상 및 느낌	I can also see various items on the shelves, like stacks of paper and some equipment. It seems like they are researchers.	또한 선반에는 여러 가지 물품들이 보이는데, 종이며 기타 비품 같은 것들이 쌓여 있습니다. 이 두 사람은 연구원들인 것 같습니다.

🎓 고득점 노하우

• In the front of the picture를 In the foreground of the picture로 바꿔줄 수 있습니다.
• 답변 중간에 자신의 주관적인 생각(I think ~)을 말해도 괜찮습니다.
• 한 쌍인 장갑, 안경, 신발은 a pair of를 사용해서 설명할 수 있습니다.

Q4 여러 사람이 등장하는 사진

🔥 브레인스토밍

장소: on the street 거리에서

주요 대상: fixing a tire 타이어를 고치는

watching him fix the car 남자가 차를 고치는 것을 쳐다보는

wearing sunglasses 선글라스를 끼고 있는

주변 대상: a red car 빨간 차

a white building 하얀 건물

ANSWER

🎧 T04_R_04

사진 소개	**This is a picture taken** on the street. **There are** several people **in this picture**.	이것은 거리에서 찍은 사진입니다. 이 사진에는 많은 사람들이 있습니다.
주요 대상	**The first thing I can see is** a man fixing a tire. He is wearing a blue polo shirt. **Next to** him, two men are watching him fix the car, and they are wearing sunglasses.	가장 먼저 보이는 것은 타이어를 고치는 한 남자입니다. 그는 파란색 폴로 셔츠를 입고 있습니다. 그의 옆에는 두 사람이 그 남자가 차를 고치는 것을 쳐다보고 있고, 그들은 선글라스를 끼고 있습니다.
주변 대상 및 느낌	**Behind** them, there is a red car, and three men are fixing that car, too. **In the background of the picture**, I can see a white building.	그들 뒤에는 빨간 차가 있고, 세 명의 남자 역시 그 차를 고치고 있습니다. 사진의 배경에는 하얀색 건물이 보입니다.

📣 고득점 노하우

- 지각동사 watch는 목적어(him) 다음에 동사원형(fix)을 사용합니다.
- 선글라스는 복수형 명사입니다. 발음에 유의하세요.
- 인물이 동일한 동작을 하고 있을 때는 부사 too를 이용해주세요.

Q5~Q7 독서 토론 모임 관련 질문

🔊 Imagine that a friend is planning to organize a book discussion group in which all members read the same book and then meet to talk about it. You are talking to your friend on the telephone about this type of group.

당신의 친구가 회원들이 모두 같은 책을 읽고 모여서 토론하는 독서 토론 모임을 만들 예정이라고 가정해 보세요. 당신은 그런 모임에 관해서 그 친구와 전화로 이야기를 합니다.

Q5

🎧 T04_R_05

Q	Would you ever want to be the leader of a book discussion group? Why or why not?	독서 토론 모임의 회장이 되고 싶다는 생각을 한 적이 있었니? 이유는 뭔데?
A	I would not want to be the leader of a book discussion group, because I don't have enough knowledge of books.	독서 토론 모임의 회장이 되고 싶은 생각은 없어. 난 독서를 많이 한 편이 아니니까 말이야.

📢 고득점 노하우
• 질문에 would가 사용되었을 시 답변에도 꼭 사용해주세요.

Q6

🎧 T04_R_06

Q	Do you think a book discussion group should have food and beverages for members at each meeting? Why or why not?	독서 토론 모임에 간식과 음료를 매번 준비해야 한다고 생각해? 이유는 뭐야?
A	I don't think a book discussion group should have food and beverages for members at each meeting, because those things can distract people from the discussion.	독서 토론 모임에 매번 간식과 음료를 준비해야 한다곤 생각지 않아. 토론에 집중 못하고 산만해질 수 있으니까 말이야.

📢 고득점 노하우
• 'distract A from B(A가 B에 집중 못하게 하다)' 구문은 전 파트에서 활용 빈도가 매우 높습니다. 꼭 익혀 두세요.

Q7

🎧 T04_R_07

Q	Do you think book discussion groups should read only one kind of book, such as fiction or biography? Why or why not?	독서 토론 모임에서 읽는 책은 소설이나 전기 등 한 가지 종류에 치중해야 한다고 생각하니? 왜 그렇게 생각하는데?
A	I don't think book discussion groups should read only one kind of book. People might lose interest in the discussions if they read only one kind of book. Also, it would be easier to recruit new members if they read many kinds of books.	독서 토론 모임이 한 종류의 책만 읽어야 한다고는 생각지 않아. 한 종류의 책만 읽다보면 토론 의욕이 줄어들지도 모르니까. 게다가 다양한 분야의 책을 읽으면 신규 회원 유입도 더 쉽겠지.

📢 고득점 노하우
• 흥미에 관련된 다음의 표현을 학습해두세요.
  lose interests in ~에 흥미를 잃다   become interested in ~에 흥미가 생기다

Q8~Q10 관광 프로그램 소개

Oakhedge City Tours
"See the city in style!"

Tour	Length	Price per Person
Old Town Walking Tour	2 Hours	$30
Museums Tour *Museum tickets provided*	3 Hours	$50
Center City Bus Tour	2 Hours	$30
Architecture Walking Tour *Includes Old City Hall*	2 Hours	$40
Night Bus Tour *Includes dinner at Mario's Restaurant*	4 Hours	$75
Discounts available for groups of 6 or more		

오크헤지 시티 투어
"취향대로 둘러보세요!"

투어 코스	소요 시간	참가 비용(인당)
올드타운 도보 투어	2시간	30달러
박물관 투어 (박물관 입장권 포함)	3시간	50달러
센터 시티 버스 투어	2시간	30달러
건축물 감상 도보 투어 (구시청사 관람 포함)	2시간	40달러
야간 버스 투어 (마리오 레스토랑에서 저녁 식사 포함)	4시간	75달러
6인 이상일 경우 단체 할인 가능		

Hi, this is Brad Peterson. I'm visiting Oakhedge in a few weeks, and I'd like more information about your company's tours.

안녕하세요, 저는 브래드 피터슨이라고 합니다. 몇 주 뒤에 오크헤지를 방문할 예정인데요, 귀사의 투어에 대해 좀 더 자세한 내용을 알고 싶습니다.

Q8

🎧 T04_R_08

Q	I heard that your old town walking tour is great. Can you tell me how long that tour is and how much it costs?	올드타운 도보 투어가 정말 좋다고 들었습니다. 투어 소요 시간과 비용에 대해 알려주시겠습니까?
A	That tour is 2 hours long and it costs $30 per person.	투어 소요 시간은 2시간이며 비용은 1인당 30달러입니다.

📢 고득점 노하우

• it costs 대신 it is를 사용할 수도 있습니다.
• per는 시험에서 슬래시(/) 기호로 표기되기도 합니다.

Q9

🎧 T04_R_09

Q	There are four people in my group. We can get a discount because we have four people, right?	저희 일행은 네 명입니다. 네 명이니까 단체 할인을 받을 수 있겠죠?
A	I'm sorry, but the discounts are available only for groups of 6 or more.	죄송하지만 여섯 명 이상이라야 단체 할인을 받을 수 있습니다.

📢 고득점 노하우

• 표에는 동사 are가 생략되어 있습니다. 답변에는 반드시 포함되어야 합니다.

Q10

🎧 T04_R_10

Q	I'm particularly interested in your bus tours. Could you give me all of the details of any bus tours you offer?	귀사의 버스 투어에 특히 관심이 있는데요. 참가 가능한 버스 투어에 대해 자세히 전부 알려주시겠습니까?
A	There are two bus tours available. First, the Center City bus tour is two hours long and the price is $30 per person. Second, there will be a night bus tour, which includes dinner at Mario's Restaurant. It is four hours long and the price is $75 per person.	이용할 수 있는 버스 투어는 두 가지가 있습니다. 첫 번째는 센터 시티 버스 투어로 소요 시간은 2시간이며 요금은 1인당 30달러입니다. 두 번째는 야간 버스 투어로 마리오 레스토랑에서 있을 저녁 식사 포함입니다. 소요 시간은 4시간이고 요금은 1인당 75달러입니다.

📢 고득점 노하우

• there will be(~가 있을 것이다)와 be scheduled(예정되어 있다)는 사람 이름이 포함되지 않은 항목을 설명하는데 자주 사용되는 표현입니다.
• 장소를 설명할 때 상호명 앞에는 전치사 at을 사용해주세요.

Q11 선택: 운동선수의 성공 요인

Which do you think contributes more to a famous athlete's success: luck or hard work? Why? Give reasons or examples to support your opinion.	유명 운동선수의 성공 요인은 운과 노력 중에서 어느 쪽이 더 크다고 생각하나요? 그 이유는 무엇인가요? 당신의 의견을 뒷받침하는 근거나 사례를 제시하세요.

어휘 | **contribute to** ~에 기여하다, ~의 원인이 되다 **athlete** 운동선수 **hard work** 노고, 각고

ANSWER

🎧 **T04_R_11**

입장 및 이유

I think hard work contributes more to a famous athlete's success, **because** even athletes who are very talented need to work hard to be good at the sports they play.

저는 유명 운동선수의 성공에 있어서 노력이 더 중요한 요인이라고 생각합니다. 재능이 뛰어난 선수라 할지라도 자신의 종목을 잘 하려면 노력을 해야 하기 때문이죠.

예시

The famous baseball player named Yang Joon-Hyuk, **is a good example of this**. He practiced baseball every day—even on his days off, and he was always careful to eat a balanced diet. Because he worked so hard to keep healthy and fit, his performance improved every year. As a result, he still played baseball well into his 40s.

유명한 야구 선수 양준혁 선수가 그 좋은 예입니다. 그는 하루도 훈련을 거르지 않았으며 심지어 경기가 없는 날도 변함없었죠. 그리고 항상 균형 잡힌 식사를 하려고 애썼습니다. 건강한 몸을 유지하기 위해 그토록 노력을 했기에 매년 성적이 향상되었습니다. 그 결과, 그는 40대까지 현역으로 훌륭히 활동했죠.

결론

For this reason, I think hard work contributes more to a famous athlete's success.

이러한 이유로, 저는 유명 선수의 성공 요인에 있어서 노력이라는 측면이 더 크다고 생각합니다.

어휘 | **practice** 훈련[연습]하다 **day off** 쉬는 날 **balanced diet** 균형식 **keep fit** 건강을 유지하다 **performance** 성과

📣 고득점 노하우

• because 혹은 most of all을 사용해서 이유 문장을 시작해주세요.
• 분사 named를 이용해서 사람의 이름을 말해줄 수 있습니다.
• 제3자의 경험을 예시로 들 때는 '인물 is a good example of this' 혹은 'In the case of + 인물,' 표현을 활용하면 좋습니다.

모범 답변 및
고득점 노하우

05

Q1 인물 소개

🎧 T05_R_01

Thank you for attending this press conference.↘ // It's my pleasure to present our company's new director, / Linda Smith.↘ // Ms. Smith will focus on expanding our client base, supporting our employees, and improving our products.↘ // Since she has over thirty years' experience in our field, / I'm confident she will provide valuable leadership.↘ // Now, / please welcome Ms. Linda Smith.↘

오늘 기자회견에 참석해주신 여러분께 감사 드립니다. 저희 회사의 신임이사 린다 스미스 씨를 소개해 드리게 되어 정말 기쁩니다. 스미스 신임이사는 고객층 확장과 직원 후생 및 제품 개선 사업에 주력할 예정입니다. 우리 업계에서 30년 넘게 일해오셨으므로, 탁월한 지도력을 보여주시리라 믿어 의심치 않습니다. 자, 린다 스미스 씨를 반갑게 맞아주시기 바랍니다.

어휘 | **press conference** 기자 회견 **present** (누구를 정식으로) 소개하다 **focus on** ~에 주력하다 **expand** 확장하다, 넓히다 **client base** 고객층 **confident** 확신하는, 자신감 있는 **valuable** 값진, 귀중한

📢 고득점 노하우

- expand의 발음에 유의하세요. expend처럼 들리지 않도록 입을 크게 벌려 발음해주세요.
- employee의 발음에 유의하세요. 세 번째 음절 'yee'에 강세가 옵니다.
- 문장 첫 단어로 자주 등장하는 please, welcome, attention, thank에는 항상 강세가 옵니다.

Q2 광고

🎧 T05_R_02

Are you thinking of taking a trip?↗ // Let the team at Travel Smart / help you find the best deals on airline tickets, / hotel reservations,↗ and tours.↘ // For more than thirty years, / our agency has been providing personalized service / and convenience to travelers.↘ // Whether your destination is international or domestic, / we can make your trip a success.↘

여행 계획을 세우고 계신가요? 저희 트래블 스마트의 팀이 항공권 및 숙박 예약, 관광 투어에 관해 최선의 선택을 하실 수 있도록 도와드립니다. 저희 여행사는 30년 이상이나 여행객들에게 맞춤형 서비스와 편의를 제공해 왔습니다. 국내든, 해외든, 그 어디를 가시든 간에, 즐거운 여행이 되실 수 있도록 도와드리겠습니다.

어휘 | **deal** 거래, 매매 **agency** (특정 서비스를 제공하는) 대행사, 단체 **personalized** 개인이 원하는 대로 할 수 있는, 개인에 맞춤으로 제공되는 **destination** 행선지 **make ~ a success** ~을 성공시키다, 잘 해내다

📢 고득점 노하우

- 최상급(best)에는 항상 강세가 옵니다.
- 비교급(more)에는 항상 강세가 옵니다.
- destination과 international의 발음에 유의하세요. 세 번째 음절 'na'에 강세가 옵니다.

Q3 여러 사람이 등장하는 사진

🔆 브레인스토밍

장소: in a meeting 회의 중
주요 대상: a woman, looking at another woman standing by the door 여자, 문 옆에 서 있는 다른 여자를 쳐다보는
주변 대상: a woman, typing on a laptop computer 여자, 노트북 컴퓨터에 타이핑을 하고 있는
 two people, writing something on paper 두 사람, 종이에 뭔가를 쓰고 있는
 a painting, hanging on the wall 그림, 벽에 걸려 있는

ANSWER

🎧 T05_R_03

사진 소개	**This picture shows** some people in a meeting. **There are** six people **in this picture**.	이 사진은 회의를 하고 있는 사람들의 모습을 보여줍니다. 사진 속에 있는 사람들은 모두 여섯 명입니다.
주요 대상	**In the middle of the picture,** a woman is looking at another woman standing by the door.	사진 가운데에 보이는 여성은 문가에 서 있는 다른 여성을 쳐다보고 있습니다.
주변 대상 및 느낌	**On the right side of the picture**, a woman wearing a colorful shirt is typing on a laptop computer. **Across from** her, two people are writing something on paper. **In the background of the picture**, a painting is hanging on the wall. **It seems like** the woman standing by the door is saying something.	사진 오른편에는 알록달록한 셔츠를 입은 여성이 노트북 컴퓨터에 뭔가를 입력하고 있습니다. 그녀의 맞은편에 있는 두 사람은 종이에 무언가를 적고 있는 중입니다. 사진 뒤편에는 벽에 그림이 걸려 있습니다. 문가에 서 있는 여성은 무슨 말을 하고 있는 것처럼 보입니다.

🔍 고득점 노하우

- 같은 행동을 하는 사람들은 함께 묶어서 설명하는 것이 좋습니다.
- wearing을 사용해서 동작과 인상착의를 함께 설명할 수 있습니다.
- across from은 두 대상이 서로 마주보는 상황에서 사용합니다.
- 묘사할 대상이 많으면 마무리 문장은 생략하는 것이 좋습니다.

Q4 두 사람이 등장하는 사진

🎙 브레인스토밍

장소: in a park 공원에서

주요 대상: leading a horse 말을 끌고 가는
a yellow cap and a white shirt 노란 모자와 흰 셔츠

주변 대상: leading a horse too 역시 말을 끌고 가는
a white shirt and jeans 흰 셔츠와 청바지
many trees 많은 나무
taking the horses somewhere 말을 어디론가 끌고 가다

ANSWER

🎧 T05_R_04

사진 소개	**I think this picture was taken** in a park. **There are** two people **in this picture**.	이 사진은 공원에서 찍은 것 같습니다. 이 사진에는 두 사람이 있습니다.
주요 대상	**On the right side of the picture**, a man is leading a horse using a yellow strap. He is wearing a yellow cap and a white shirt.	사진의 오른쪽에는 한 남성이 노란 끈을 이용해 말을 끌고 있습니다. 그는 노란색 모자와 흰색 셔츠를 입고 있습니다.
주변 대상 및 느낌	**On the left side of the picture**, another man is leading a horse too. He is wearing a white shirt and jeans. **In the background of the picture**, I can see many trees. I think the people are taking the horses somewhere.	사진 왼쪽에는 다른 남자도 말을 끌고 가고 있습니다. 그는 흰색 셔츠와 청바지를 입고 있습니다. 사진의 배경에는 많은 나무들이 보입니다. 그들이 말을 어디론가 끌고 가고 있는 것 같습니다.

🔊 고득점 노하우

• 공원과 광장(square) 앞에는 전치사 in을 사용합니다.
• 챙이 있는 야구모자는 cap이라고 해주세요.
• 또 다른 남자나 여자를 언급할 시 앞에 한정사 another를 사용해주세요.

55

Q5~Q7 거주지 관련 설문 조사

🔊 Imagine that a university professor is doing research in your area. You have agreed to participate in a telephone interview about the town where you live.

어떤 대학교수가 당신의 거주 지역에 대해 설문 조사를 한다고 가정해 보세요. 당신은 자신의 거주지에 관한 전화 인터뷰에 응하기로 했습니다.

Q5
🎧 **T05_R_05**

Q What city or town do you live in, and how long have you lived there?	현재 거주하는 곳이 어디이며, 그곳에서 거주하신 기간이 얼마나 되시나요?
A I live in a city called Seoul, and I have lived here for over 10 years.	저는 서울이라는 도시에 살고 있으며, 벌써 10년 넘게 이 도시에 거주하고 있습니다.

📢 **고득점 노하우**
• 바로 고유명사를 사용하는 것보다 '일반명사+called+고유명사' 패턴을 활용해주세요.

Q6
🎧 **T05_R_06**

Q What is your favorite place to go in your city or town, and how often do you go there?	거주하는 지역에서 가장 좋아하는 장소는 어디이며, 그곳에 얼마나 자주 가시나요?
A My favorite place to go in my city is Seoul Park and I go there about once a month. It's a good place to ride a bicycle.	제가 이 도시에서 특히 즐겨 가는 곳은 서울공원입니다. 한 달에 한 번씩은 가곤 하죠. 자전거를 타기에 좋은 곳입니다.

📢 **고득점 노하우**
• 답변의 사실 여부는 점수에 영향을 미치지 않습니다. 사실대로 말하기 위해서 답변 시간을 낭비하지 않도록 합니다.

Q7
🎧 **T05_R_07**

Q Which of the following do you think your city or town needs more of and why? • Restaurants • Parks • Bus routes	다음 중 당신이 거주하는 지역에서 좀 더 필요하다고 생각하는 것은 무엇이며 그 이유는 무엇인가요? • 레스토랑 • 공원 • 노선버스
A I think my city needs more parks. There are not many places to exercise in my city. Also, parks are good places to relieve stress from work or study.	제 생각으로는 공원이 좀 더 필요할 것 같습니다. 우리 시에는 운동을 할 수 있는 장소가 별로 많지 않습니다. 또한, 공원은 업무나 학업으로 인한 스트레스를 해소하기에 좋은 장소이기도 하죠.

📢 **고득점 노하우**
• 선택 사항 중 하나를 골라서 답변하는 유형에서는 나에게 가장 친숙한 것을 고르는 것이 답변 문장을 만드는 데 도움이 됩니다.

Q8~Q10 회사 수련회 일정

	Corporate Retreat Royal Conference Center, Oldstown May 19, 9:00 A.M. to 5:00 P.M.	
GOLDEN EARTH INDUSTRIES		

Time	Event	Presenter
9:00-10:00 A.M.	Financial Update	Min Jee Park, President
10:00-11:00 A.M.	Workshop: Marketing New Products	Jeff Neko
11:00 A.M.-noon	Communicating Effectively	Camila Flores
Noon-2:00 P.M.	Picnic Lunch (Provided by Roger's Deli)	
2:00-3:00 P.M.	Team-Building Activities	
3:00-4:00 P.M.	Workshop: Communication Exercises	Yuko Itoh
4:00-5:00 P.M.	Employee Awards	Min Jee Park, President

	사내 수련회 로열 컨퍼런스 센터, 올즈타운 5월 19일, 오전 9시 - 오후 5시	
골든 어스 인더스트리즈		

행사 시간	행사 내용	진행자
오전 9:00 - 10:00	결산 보고	박민지 사장
오전 10:00 - 11:00	워크숍: 신상품 마케팅	제프 네코
오전 11:00 - 정오	효율적인 의사소통 기법	카밀라 플로레스
정오 - 오후 2:00	점심 피크닉 (로저스 델리에서 준비)	
오후 2:00 - 3:00	팀워크 증진 활동	
오후 3:00 - 4:00	워크숍: 의사소통 연습	유코 이토
오후 4:00 - 5:00	우수 직원 시상	박민지 사장

 Hi. I'm attending the corporate retreat this week, but I left the schedule in my office. I was hoping you could give me some information.

안녕하세요. 이번 주 사내 수련회에 참가할 예정 인데, 일정표를 사무실에 놓고 온 것 같습니다. 몇 가지 사항을 좀 확인해 주셨으면 좋겠습니다.

Q8

Q Could you tell me what time the first event starts and what the topic is?	첫 행사가 언제 시작되고, 그 행사의 주제는 무엇인지 알려주시겠습니까?
A The first event is scheduled for 9 A.M. and the topic is a financial update.	첫 행사는 오전 9시로 예정되어 있고, 주제는 결산 보고입니다.

📢 **고득점 노하우**

• be scheduled 대신 will be held를 사용할 수도 있습니다.

Q9

Q Someone in my department said that I need to bring my own lunch. Is that right?	저희 부서 사람이 점심은 각자 준비해 가야 한다고 하던데, 정말 그렇습니까?
A Actually, lunch will be provided by Roger's Deli. So, don't worry about it.	실은, 로저스 델리에서 점심 식사를 준비할 예정입니다. 그러니 염려하지 마십시오.

📢 **고득점 노하우**

• 상대방이 잘못된 정보를 가지고 있는 경우 다음의 표현 중 하나를 이용해서 답변을 시작하세요.

Actually, 사실은

Unfortunately, 안타깝게도

I'm sorry, but you have the wrong information. 죄송하지만 잘못 알고 계십니다.

Q10

Q I believe the schedule said that there are going to be some workshops. Can you give me all the details about any workshops at the retreat?	일정 중에 워크숍들이 열릴 계획이라고 하던데, 수련회 워크숍에 대해 자세히 전부 알려주시겠습니까?
A There are two scheduled workshops. First, a workshop on marketing new products will be conducted by Jeff Neko from 10 to 11 A.M. Second, Yuko Itoh will lead another workshop on communication exercises from 3 to 4 P.M.	워크숍은 두 차례로 예정되어 있습니다. 첫 번째는 신상품 마케팅 워크숍으로 제프 네코 씨 주재로 오전 10시부터 11시까지 열립니다. 두 번째는 유코 이토 씨가 주재하는 의사소통 연습 워크숍인데 오후 3시부터 4시까지 열립니다.

📢 **고득점 노하우**

• 강연, 회의의 주제 앞에는 전치사 on을 사용하세요.

• 시간 정보는 문장의 마지막에 말해주는 것이 좋습니다.

• workshop, seminar, discussion은 주로 동사 lead와 함께 사용됩니다.

Q11 찬반: 애완동물을 기르는 것의 이점

Some people think that owning a pet has many benefits. Do you agree or disagree with this opinion? Why? Give reasons and examples to support your opinion.	어떤 이들은 애완동물을 기르면 좋은 점이 많다고 생각합니다. 이 의견에 찬성하시나요, 반대하시나요? 그 이유는 무엇인가요? 근거나 사례를 들어 당신의 생각을 설명하세요.

어휘 | **benefit** 혜택, 이득

ANSWER

🎧 T05_R_11

입장	**I agree that** owning a pet has many benefits.	저는 애완동물을 키우면 좋은 점이 많다는 말에 동의합니다.
이유	Raising a pet can be fun for the whole family, and it can also help bring them together.	애완동물을 키우는 일은 가족 모두에게 즐거운 일이 될 수 있으며, 가족간의 화목을 도모하는 데도 도움이 될 수 있습니다.
예시	**When I was** an elementary school student, our family had a dog. We used to play with him in the living room after dinner all together. And sometimes, we went for a walk to the park with him and took turns throwing a ball for him to bring back. I think raising a pet gave our family many opportunities to spend time together. And it kept us active. We got plenty of exercise playing with our dog and walking him.	제가 초등학생이었을 때 저희 집에서는 개를 키웠습니다. 저희는 저녁을 먹은 후 다 함께 거실에서 녀석과 놀아주곤 했죠. 그리고 가끔씩 공원에 데리고 나가 번갈아 공을 던지고 물어오게 하기도 했죠. 제 생각으로는 개를 키웠던 덕분에 가족이 함께 시간을 보낼 기회가 많았던 것 같습니다. 그리고 애완동물을 키우며 우리 가족은 활동적으로 되었죠. 개를 데리고 산책을 하고 같이 놀아주면서 많이 움직였으니까요.
결론	**For these reasons, I agree that** owning a pet has many benefits.	이러한 이유들로 저는 애완동물을 키우면 좋은 점들이 많다는 데 동의합니다.

어휘 | **raise** (동물을) 키우다 **bring ~ together** ~을 화합하게 하다 **take turns -ing** 교대로 돌아가며 ~하다

📣 고득점 노하우
• 다음의 답변 키워드를 이용해서 다시 한 번 답변해보세요.
  입장: 반대
  이유: 애완동물을 키우면 불편한 것들이 많다 (a lot of inconveniences)
  예시: ① 내가 대학생이었을 때 강아지를 키웠다 (raised a puppy)
       ② 그런데 강아지 때문에 집을 오래 비울 수 없었다 (left my house for long)
       ③ 또한 강아지를 기르는 데 돈이 많이 들었다 (cost a lot of money)

모범 답변 및
고득점 노하우

06

Q1 일기 예보

And **now** the **morning weather report** / from the **City Park weather station!**\ // There will be **cloudy skies** this **afternoon.**\ // **Expect light winds**, **rainfall**, and **humidity.**\ // The **temperature** will **stay** at around **fifteen** degrees.\ // As we **look** ahead to **tomorrow**, / the **rain** will **stop** by **morning.**\ // **Nevertheless,**↗ the **humidity** will **continue** through the **end** of the **week.**\

그럼 이번에는 시립 공원 기상대의 오전 일기 예보를 전해드리겠습니다! 오늘 오후에는 구름이 낄 예정이며, 가벼운 비바람과 더불어 습도도 다소 높아질 거라고 합니다. 그리고 기온은 15도 안팎을 유지하겠다고 합니다. 내일 전망은, 아침까지는 비가 그치겠지만, 습도는 주말까지 계속 높을 거라고 합니다.

어휘 | weather station 기상대, 기상관측소 humidity 습도 stay 계속 유지하다 look ahead to (앞일을) 내다보다

📢 **고득점 노하우**

- 대부분의 시간 관련 명사(morning, afternoon, tomorrow, week)에는 강세가 옵니다.
- 문장이 동사로(Expect) 시작하는 경우 동사에 강세가 옵니다.
- humidity의 발음에 유의하세요. 두 번째 음절 'mi'에 강세가 옵니다.

Q2 자동 응답 메시지

T06_R_02

You have **reached** the **Akins Computer School.** // We **offer** classes in **software design,**↗ **network administration,**↗ and **computer repair.**\ // **Unfortunately,**↗ our **offices** are **currently closed.**\ // To **speak** with a **staff member,**↗ **please call** back between **nine A.M.** and **five P.M.** / on **any weekday.**\ // For **detailed information** regarding **course content** and **schedules,** / **please visit** our **Web site.**\

여기는 애킨스 컴퓨터 스쿨입니다. 저희는 소프트웨어 개발 및 네트워크 관리, 컴퓨터 수리 전문학원입니다. 안타깝게도, 지금은 영업시간이 아니오니, 직원 상담을 원하시면 평일 오전 9시부터 오후 5시 사이에 다시 전화 주시기 바랍니다. 강좌 내용 및 일정에 관해 자세한 사항을 알고 싶으시면 저희 웹사이트를 참고하시기 바랍니다.

어휘 | reach (전화로) 연락하다 administration 관리, 운영

📢 **고득점 노하우**

- reach의 발음에 유의하세요. rich처럼 들리지 않도록 길게 읽어주세요.
- classes와 offices의 발음에 유의하세요. s를 두 번 발음해서 '시즈'와 유사한 소리가 납니다.
- administration의 발음에 유의하세요. 네 번째 음절 'ra'에 강세가 옵니다.
- currently의 발음에 유의하세요. '렌'이 아닌 '런'과 유사한 소리가 납니다.

Q3 세 사람이 등장하는 사진

💡 브레인스토밍

장소: taken in the stairwell 계단에서 찍은
주요 대상: two women, coming down the stairs 두 여자, 계단을 내려가고 있는
주변 대상: a third woman, opening a glass door 세 번째 여자, 유리문을 열고 있는

ANSWER
🎧 T06_R_03

사진 소개	**I think this picture was taken** in the stairwell. **There are** three people **in this picture.**	이 사진은 계단에서 찍은 것으로 보입니다. 사진 속에는 세 명의 사람이 있습니다.
주요 대상	**In the middle of the picture**, two women are coming down the stairs while talking to each other. **The woman on the left** is looking behind her and **the woman on the right** is wearing a white shirt.	사진 중앙의 여자 두 명은 계단을 내려오면서 이야기를 나누고 있습니다. 왼쪽의 여자는 뒤쪽을 돌아보고 있으며 오른쪽의 여자는 흰색 셔츠 차림입니다.
주변 대상 및 느낌	There is a third woman in the picture. She is opening a glass door. **On the right side of the picture**, there's a metal handrail.	사진에는 세 번째 여자가 있는데, 유리문을 열고 있습니다. 사진 오른편에는 금속으로 된 난간이 있습니다.

어휘 | **stairwell** (별도로 구획된) 계단 통로 **handrail** (계단 등의) 난간

📢 고득점 노하우

• 두 동작을 함께 설명할 때는 'while -ing'를 사용해주세요.
• 사진 내 인원이 세 명 이하인 경우 모든 인물의 특징을 한 가지 이상 설명해주세요. 인물의 동작을 설명하는 것이 인상착의를 묘사하는 것보다 고득점에 유리합니다.
• [t] 소리로 끝나는 shirt를 '셔츠'라고 발음하지 않도록 유의하세요.

Q4 여러 사람이 등장하는 사진

🔆 브레인스토밍

장소: at an outdoor café　야외 카페에서
주요 대상: reading a newspaper　신문을 읽고 있는
　　　　　 sitting at a table　테이블에 앉아 있는
　　　　　 talking to each other　서로 이야기를 하고 있는
주변 대상: on display　진열된, 전시된

ANSWER

🎧 **T06_R_04**

사진 소개	**This picture was taken** at an outdoor café.	이 사진은 야외 카페에서 찍혔습니다.
주요 대상	**On the right side of the picture**, a man wearing a brown jacket is reading a newspaper. **Behind** him, some people are sitting at a table. **On the left side of the picture**, two women are talking to each other. They are sitting at a table, too.	사진의 오른쪽에는 갈색 재킷을 입은 남자가 신문을 읽고 있습니다. 그의 뒤에는 몇몇 사람들이 테이블에 앉아 있습니다. 사진의 왼쪽에는 두 여자가 서로 이야기를 나누고 있습니다. 그들 역시 테이블에 앉아 있습니다.
주변 대상 및 느낌	**Behind** them, a lot of postcards are on display. The tables are in front of a yellow building.	그들의 뒤에는 많은 엽서들이 전시되어 있습니다. 탁자들은 노란색 건물 앞에 위치해 있습니다.

📣 고득점 노하우

• café의 발음에 유의하세요. 발음이 어려우면 coffee shop으로 바꿔도 괜찮습니다.
• 사람의 뒤에 현재 분사 wearing을 사용해서 인상착의와 동작을 한 문장으로 설명할 수 있습니다.
• on display는 '진열이 되어 있다'는 뜻으로 수동태를 이용해서 are displayed로 바꿔줄 수 있습니다.

Q5~Q7 베이커리 관련 설문 조사

🔊 Imagine that someone wants to open a new bakery in your area. You have agreed to participate in a telephone interview about bakeries.

당신이 거주하는 지역에서 베이커리를 새로 개업하려는 사람이 있다고 가정해 보세요. 당신은 베이커리와 관련된 전화 인터뷰에 응하기로 했습니다.

Q5
🎧 T06_R_05

Q	What is your favorite item to purchase from a bakery, and why do you like it?	베이커리에서 특히 즐겨 구입하는 품목은 어떤 것인가요? 그 이유는 무엇인가요?
A	My favorite item to purchase from a bakery is white bread and I like it because I usually eat it for breakfast.	제가 베이커리에서 즐겨 구입하는 것은 흰 빵입니다. 제가 흰 빵을 좋아하는 이유는 아침 식사로 주로 먹기 때문이죠.

📢 고득점 노하우
• and 앞에서 잠시 멈춘 뒤, 두 번째 질문에 대한 답변을 시작하세요.
• 식사 명사 앞에는 a를 붙이지 않습니다.

Q6
🎧 T06_R_06

Q	How far do you normally travel to go to a bakery?	베이커리에 가려면 보통 얼마나 멀리 나가셔야 하나요?
A	I don't normally travel far to go to a bakery because there are many bakeries near my house.	저는 보통 그리 멀리 나가지 않아도 됩니다. 집 근처에 베이커리들이 많거든요.

📢 고득점 노하우
• travel을 발음할 때 trouble처럼 들리지 않도록 입을 양쪽으로 당겨서 발음해주세요.

Q7
🎧 T06_R_07

Q	What would most influence your decision to visit a new bakery, and why? • Variety of baked goods available • Freshness of baked goods • Helpfulness of employees	새로 생긴 베이커리를 찾아가게 만드는 데 가장 크게 영향을 미치는 것은 무엇이며 그 이유는 무엇인가요? • 다양한 제빵 품목 • 갓 구운 제빵 상품 • 친절한 직원들
A	The variety of baked goods available would most influence my decision to visit a new bakery. Because most bakeries near my house sell only a few types of bread, such as white bread and baguettes, I'd be willing to visit a bakery if it sold a larger variety of baked goods.	제빵 품목의 다양성이 새로 생긴 베이커리 방문에 가장 큰 영향을 미칠 것 같습니다. 집 근처의 베이커리들 대부분이 흰 빵과 바게트 등 몇 가지 품목들만 팔기 때문에 더 다양한 품목들을 판매한다면 새 베이커리를 찾아가게 될 것 같습니다.

📢 고득점 노하우
• 질문에 would가 사용되었을 시 답변에도 꼭 포함해주세요.
• 입장 문장을 만들기 어려운 경우에는 'I would choose + 선택 사항'이라고 답변해주세요.

Q8~Q10 커뮤니티 센터 행사 일정

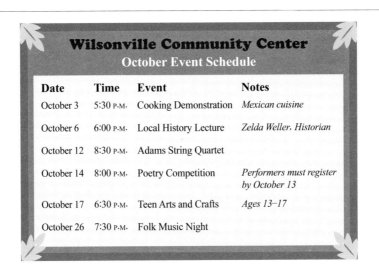

Wilsonville Community Center
October Event Schedule

Date	Time	Event	Notes
October 3	5:30 P.M.	Cooking Demonstration	*Mexican cuisine*
October 6	6:00 P.M.	Local History Lecture	*Zelda Weller, Historian*
October 12	8:30 P.M.	Adams String Quartet	
October 14	8:00 P.M.	Poetry Competition	*Performers must register by October 13*
October 17	6:30 P.M.	Teen Arts and Crafts	*Ages 13–17*
October 26	7:30 P.M.	Folk Music Night	

윌슨빌 커뮤니티 센터
10월 행사 일정

날짜	시간	행사	비고
10월 3일	오후 5:30	요리 시연회	멕시코 요리법
10월 6일	오후 6:00	지역 역사 강연회	역사학자 젤다 윌러
10월 12일	오후 8:30	애덤스 현악 사중주단 연주회	
10월 14일	오후 8:00	시낭송 경연대회	*참가자 등록마감 10월 13일*
10월 17일	오후 6:30	청소년 대상 예술/공예 교육	*연령: 13~17세*
10월 26일	오후 7:30	민속 음악의 밤	

🔊 Hi. I like to attend events at your community center, but I don't think I received a copy of the October schedule. I'm hoping you can answer my questions.

안녕하세요. 커뮤니티 센터에서 열리는 행사에 참가하고 싶은데, 10월 행사 일정표를 못 받은 것 같아요. 몇 가지 궁금한 사항을 좀 알려주셨으면 좋겠습니다.

Q8

Q I really like your monthly folk music event. On what date will Folk Music Night take place in October, and what time will it start?	매월 열리는 민속 음악 행사가 정말 마음에 듭니다. 민속 음악의 밤 10월 행사는 며칠날, 몇 시에 시작하죠?
A Folk Music Night will take place on October 26th and it will start at 7:30 P.M.	민속 음악의 밤은 10월 26일로 예정되어 있고 오후 7시 30분부터 시작하죠.

📢 고득점 노하우

• take place 대신에 is scheduled라고 답변할 수 있습니다.
• 월과 날짜를 함께 설명할 때 전치사 on을 사용해주세요.

Q9

T06_R_09

Q I heard you're having a poetry competition this month. If I want to participate, I can just sign up when I arrive that night, right?	이번 달에는 시 낭송 경연대회가 열린다고 들었습니다. 그 대회에 참가하려면, 당일 밤에 가서 신청을 해도 되는 거죠?
A Actually, that's not correct. All performers have to register by October 13th.	실은 그렇지 않습니다. 모든 참가자들은 10월 13일까지 참가 신청을 해야만 합니다.

📢 고득점 노하우

• must는 매우 강한 표현이기 때문에 have to 혹은 should로 바꿔서 말해주세요.

Q10

T06_R_10

Q My friend is coming to visit at the beginning of the month, and I'd like to bring him to some events while he's here. Can you give me all the details of any events taking place before October 10th?	월초에 친구가 놀러 오기로 했는데, 친구가 여기 머무는 동안 함께 행사에 가보고 싶습니다. 10월 10일 전에 열리는 행사들에 대해서 자세히 전부 알려주시겠어요?
A There are two scheduled events. First, there's a cooking demonstration of Mexican cuisine on October 3rd at 5:30 P.M. Second, Zelda Weller, a historian, will give a local history lecture on October 6th at 6 P.M.	예정된 행사는 두 가지입니다. 첫 번째는 10월 3일 오후 5시 30분부터 열리는 멕시코 요리 시연회이고, 두 번째는 역사학자 젤다 웰러 씨의 지역 역사 강연회인데, 10월 6일 오후 6시로 예정되어 있습니다.

📢 고득점 노하우

• cuisine의 발음에 유의하세요. 두 번째 음절 'sine'에 강세가 옵니다.
• 평소에 답변 시간이 부족하다면 첫 번째 문장을 생략해도 됩니다.

Q11 선택: 실무 교육 방식

Which way would you prefer to receive training for a job: by taking a course in a classroom with an instructor, or by taking a course on a computer? Why? Give reasons or examples to support your opinion.	당신은 실무 교육을 받을 때, 강사의 교실 강의 수강과 온라인 강좌 수강 중 어느 쪽을 선호하시나요? 그 이유는 무엇인가요? 근거나 사례를 들어 당신의 생각을 설명하세요.

어휘 | training for a job 실무[직무] 교육

ANSWER

입장 문장 및 이유	**I would prefer to** receive training for a job by taking a course in a classroom with an instructor **because** it would be easier to concentrate on the content of the training that way.	저는 교실에서 강사에게 직접 수업을 듣는 방식으로 실무 교육을 받는 쪽을 선호합니다. 그렇게 하면 교육 내용에 집중하기가 더 수월하기 때문입니다.
예시	**When I was** a new employee at a company, I needed to learn Chinese. So, I took an online Chinese course. However, it was difficult to concentrate on the lessons because there wasn't any interaction between me and my teacher or the other students in the classroom. So, I usually spent my online course time playing a game on my mobile phone. But then, I registered at a Chinese language school near my office. The lesson was very active and I could practice speaking with other students. As a result, my Chinese skills improved a lot.	저는 신입사원 시절에 중국어를 배워야 했습니다. 그래서 중국어 온라인 강좌를 수강했죠. 하지만 강의에 집중하기가 쉽지 않았습니다. 교실 내에서 저와 강사 선생님, 또는 다른 학생들과의 상호 교류가 전혀 없는 상황이었으니까요. 그래서 온라인 강의를 듣는 동안 대개 휴대폰으로 게임을 하며 시간을 보내곤 했죠. 하지만 그 이후, 사무실 근처의 중국어 학원에 등록했습니다. 수업은 매우 활기찼고 다른 학생들과 회화 연습도 할 수 있었죠. 그 결과 제 중국어 실력이 크게 향상되었습니다.
결론	**So, because** I find online courses more boring, **I would prefer to** receive training for a job by taking a course in a classroom with an instructor.	그래서, 저는 온라인 강좌가 지루하다고 생각하기 때문에 교실에서 강사에게 직접 수업을 듣는 방식으로 실무 교육을 받는 편을 선호합니다.

어휘 | concentrate on ~에 집중하다, 전념하다 **interaction** 상호 작용, 대화 **active** 활기찬 **boring** 재미없는

고득점 노하우

• 위 예시처럼 자기가 고르지 않은 선택 사항의 단점을 예로 드는 것도 좋은 전략입니다.

• 다음의 답변 키워드를 이용해서 다시 한 번 답변해 보세요.
  입장: 온라인 강좌 수강 선호
  이유: 시간과 장소에 상관없이 강좌를 들을 수 있다 (regardless of time or place)
  예시: ① 시간을 절약할 수 있다 (save time)
       ② 수강료가 저렴하다/무료이다 (tuition fee)

TEST 06

모범 답변 및
고득점 노하우

07

Q1 방송

🎧 T07_R_01

Today on *Smart Cooking*, / I'll **teach** you how to make **pasta salad**, / which is my **favorite summertime lunch dish**.↘ // The **ingredients** you'll **need** / include **one** box of **pasta**, / a **variety** of **vegetables**, / and **olive oil**.↘ // After a **commercial break**, / we will **begin** by **cooking** the pasta.↘

오늘 '스마트 쿠킹'에서는 파스타 샐러드 만드는 법을 가르쳐 드릴 텐데요. 제가 아주 좋아하는 여름철 점심 메뉴죠. 필요한 재료는 파스타 한 통, 그리고 각종 야채와 올리브유입니다. 광고가 끝나면 파스타부터 준비해 보기로 하죠.

어휘 | ingredient (요리 등의) 재료 commercial break 프로그램 중간의 TV 광고

📢 **고득점 노하우**

- 주어가 길면 동사(include) 앞에서 끊어 읽어주세요.
- variety의 발음에 유의하세요. 두 번째 음절 'ri'에 강세가 옵니다.

Q2 광고

🎧 T07_R_02

Woodhaven Car Wash has been **serving** the **Franklin** area for over **forty** years.↘ // Our **full exterior service** includes **handwashing**,↗ **waxing**,↗ and **tire cleaning**.↘ // We **also** offer **several options** for **cleaning** your **car's interior**.↘ // While we **work** on your **vehicle**, ↗ you can **enjoy coffee** or **tea** in our **comfortable waiting area**.↘ // And **remember**, / we're **open late** for your **convenience**!↘

우드헤이븐 카 워시는 프랭클린 지역에서 40년 넘게 영업을 해왔습니다. 차량 외부 세차 서비스는 손 세차에 더불어 왁스칠과 타이어 세척도 해드립니다. 내부 청소 또한 여러 가지 옵션이 있습니다. 세차를 하는 동안, 편안한 대기실에서 커피나 차를 즐기실 수 있습니다. 또한 손님들의 편의를 위해 늦게까지 영업을 한다는 점도 잊지 마십시오!

어휘 | handwashing (기계 세차가 아닌 사람의) 손 세차 waxing 왁스칠, 광택 내기 open late 늦게까지 영업하다

📢 **고득점 노하우**

- 고유명사와 숫자는 항상 강세를 두어 읽어주세요.
- 형용사와 명사가 함께 사용된 명사구는 두 단어 모두 강세를 두어 읽어주세요.
- exterior의 발음에 유의하세요. '티어리어' 같은 소리가 납니다.
- 느낌표가 사용된 단어는 끝 음을 내려서 읽어주세요.

TEST 07

Q3 두 사람이 등장하는 사진

🎙️ **브레인스토밍**

장소: office 사무실

주요 대상: man, talking on the phone 남자. 통화를 하고 있는

woman, writing something on a piece of paper 여자. 종이에 뭔가를 쓰고 있는

주변 대상: office supplies 사무 용품

shelves and a purple door 선반과 보라색 문

ANSWER   🎧 **T07_R_03**

사진 소개	**This picture shows** a busy office **scene.**	이 사진은 사무실의 분주한 모습을 보여주고 있습니다.
주요 대상	**On one side of a desk,** a man is talking on the phone. He is wearing a brown jacket and yellow tie. **On the other side of the desk**, a woman wearing a black top is writing something on a piece of paper.	책상 한쪽 편에서. 남자가 전화 통화를 하고 있습니다. 그는 갈색 재킷에 노란색 넥타이를 매고 있습니다. 책상 반대 편에는 검정색 상의를 입은 여자가 종이에 무언가를 적고 있는 중입니다.
주변 대상 및 느낌	**Between them, I can see** a variety of office supplies. **In the background of the picture**, there are many shelves and a purple door. **It seems like** they are working hard.	두 사람 가운데에는 각종 사무용품들이 보입니다. 사진 뒤쪽 편에는. 선반장이 많이 있고 보라색 문도 있습니다. 두 사람이 열심히 일하고 있는 것 같습니다.

📢 **고득점 노하우**

• 책상에서 두 사람이 서로 마주보며 다른 행동을 하고 있을 때, On one side of a desk, ~. On the other side of the desk, ~. 표현을 사용하여 설명해주면 됩니다.

• 분사 wearing을 사용해서 인상착의와 동작을 한 문장으로 표현할 수 있습니다.

a woman wearing a black top is writing something on a piece of paper
　　　　└── 인상착의 ──┘ └──────── 동작 ────────┘

• 두 사람이 등장하는 사진 유형에서는 사람 외에 사물을 한두 가지 추가로 설명해 주는 것이 좋습니다.

Q4 여러 사람이 등장하는 사진

🎙 브레인스토밍

장소:	at a hotel entrance 호텔 입구에서
주요 대상:	talking to each other 서로 이야기를 하고 있는
	large suitcases 커다란 여행 가방
	looking at something on the street 거리에서 뭔가를 쳐다보는
주변 대상:	walking out of the hotel 호텔에서 걸어 나가는

ANSWER

🎧 T07_R_04

사진 소개	**I think this picture was taken** at a hotel entrance. **There are** four people **in this picture**.	이 사진은 호텔 입구에서 찍은 것 같습니다. 사진에는 네 사람이 있습니다.
주요 대상	**In the middle of the picture**, a man and a woman are talking to each other. **Next to** them, there are large suitcases. **On the right side of the picture**, there is a hotel employee, and he is looking at something on the street.	사진 가운데에는 한 남자와 한 여자가 서로 이야기를 나누고 있습니다. 그들의 옆에는 커다란 여행 가방이 있습니다. 사진의 오른쪽에는 호텔 직원이 있는데, 그는 거리에서 무언가를 바라보고 있습니다.
주변 대상 및 느낌	There is also a woman walking out of the hotel. She is wearing a black backpack.	호텔에서 걸어 나오는 여자도 있습니다. 그녀는 검은 배낭을 메고 있습니다.

📣 고득점 노하우

- suitcases의 발음에 유의하세요. s를 두 번 발음해야 합니다.
- 주변 대상 사람 묘사 시, there is와 현재분사를 함께 이용해서 더 수준 높은 문장을 만들 수 있습니다.
  There is also a woman + walking out of the hotel.
- 사물을 설명할 때 앞에 size나 color를 더해주면 고득점에 도움이 됩니다.

Q5~Q7 독서 토론 모임 관련 질문

🔊 Imagine that a friend is planning to organize a book discussion group in which all members read the same book and then meet to talk about it. You are talking to your friend on the telephone about this type of group.

당신의 친구가 회원들이 모두 같은 책을 읽은 뒤에 모여서 이야기를 나누는 독서 토론 모임을 만들 예정이라고 가정해 보세요. 당신은 그런 모임에 대해 그 친구와 전화로 이야기를 하고 있습니다.

Q5

🎧 T07_R_05

Q	Have you ever joined a book discussion group? Why or why not?	혹시 독서 토론 모임에 참가해본 적이 있니? 그랬던 이유는 뭔데?
A	Unfortunately, I haven't ever joined a book discussion group. It is difficult to find one in my town.	안타깝게도, 독서 토론 모임 활동을 해본 경험은 전혀 없어. 우리 동네에서는 그런 모임을 찾기가 힘들거든.

📣 고득점 노하우

• haven't ever의 발음에 자신이 없으면 have never라고 말해보세요.
• 답변에서 ever는 생략이 가능합니다.

Q6

🎧 T07_R_06

Q	How often do you think a book discussion group should meet, and why?	독서 토론 모임의 빈도는 어느 정도가 적당하다고 보니? 왜 그렇게 생각하는데?
A	I think a book discussion group should meet once a month. It's because it usually takes a long time to read books.	독서 토론 모임은 한 달에 한 번 정도가 적당하다고 생각해. 보통 책을 읽으려면 시간이 상당히 걸리니까 말이야.

📣 고득점 노하우

• '~하는 데 오랜 시간이 걸린다'는 의미의 'It takes a long time to + V' 구문을 연습해두세요.

Q7

🎧 T07_R_07

Q	If you were leading a book discussion group, how would you decide which book the club should read? Why?	만약 네가 독서 토론 모임을 주도한다면 모임에서 읽을 책을 어떻게 결정할거니? 이유는 뭔데?
A	If I were leading a book discussion group, I would survey our members to get their opinions. Also, I would read book reviews on a famous online bookstore. By doing so, I would be able to select the right book for our book club.	만약 내가 독서 토론 모임을 주도한다면, 우선 회원들의 의견을 들어보겠어. 또한, 유명 온라인 서점에서 도서 서평들을 살펴볼 거야. 그렇게 한다면, 우리 모임에 알맞은 책을 고를 수 있을 거야.

📣 고득점 노하우

• 질문에 사용된 would를 꼭 답변에 포함시켜 주세요.
• 웹사이트 앞에는 주로 전치사 on을 사용합니다.

Q8~Q10 월례 직원 회의 일정

Russo Television Studio

Monthly Staff Meeting
Date and Location: February 19, Staff Lounge

Time	Topic / Session	Speaker
8:00 – 8:15 A.M.	Introductions: new staff • Production assistants • Camera operators	*Pete Jones*
8:15 – 9:00 A.M.	Latest revisions to filming schedule	*Annie Clark*
9:00 – 9:30 A.M.	Updated studio regulations • Rules: visitors and staff • Release forms: getting signatures	*Halvor Nass*
9:30 – 10:30 A.M.	Demonstration: new lights and video equipment	*Annie Clark*

러소 텔레비전 스튜디오

월례 직원 회의
날짜 및 장소: 2월 19일, 스태프 라운지

시간	주제/회의	사회자
오전 8:00 – 8:15	소개: 신입 직원 • 프로덕션 어시스턴트 • 카메라 기사	피트 존스
오전 8:15 – 9:00	최신 촬영 일정 공지	애니 클라크
오전 9:00 – 9:30	스튜디오 규정 갱신 공지 • 규정: 방문자 및 직원 • 문서 발행: 서명 확인	할버 나스
오전 9:30 - 10:30	시연: 신규 조명 및 영상 장비	애니 클라크

🔊 Hello, I know you're working on the schedule for the monthly staff meeting, and I have some questions for you.

안녕하세요. 월례 직원 회의 일정을 짜고 계신 걸로 알고 있는데요. 몇 가지 여쭤볼 게 있어서요.

Q8

Q What is the date of the meeting, and where will it be held?	회의 날짜는 언제이고, 어디서 열릴 예정인 지요?
A The meeting will be held on February 19th in the staff lounge.	회의는 2월 19일로 예정되어 있고, 장소는 스태프 라운지입니다.

📣 **고득점 노하우**

• 두 질문에 각기 다른 문장으로 답변해도 되지만, 시간과 장소에 대한 정보는 적절한 전치사를 이용해서 한 문장으로 만드는 연습을 해 주세요.

Q9

Q I know we have some new staff members that will be introduced at this meeting. Mary Irwin will be making those introductions, right?	회의 중에 신입 직원 소개가 있는 걸로 알고 있는데, 그 소개는 메리 어윈 씨가 맡으시기 로 되어 있는 거죠?
A Oh, no, actually, it will be led by Pete Jones.	오, 아니에요. 사실 신입 직원 소개는 피트 존스 씨께서 맡으실 예정입니다.

📣 **고득점 노하우**

• 동사 led 대신 conducted를 사용할 수도 있습니다.
• 강조구문을 사용하여 It's Pete Jones who[that] will ~이라고 답변해도 됩니다.

Q10

Q Annie Clark said she might need my help preparing for the meeting. Could you give me all the details of sessions that Annie Clark will be leading?	애니 클라크 씨가 회의 준비에 제 도움이 필 요할지도 모른다고 하셨는데, 애니 클라크 씨가 주재하시는 회의에 대해 자세히 전부 알려주시겠어요?
A She'll be leading two sessions. First, she will lead a session on the latest revisions to the filming schedule from 8:15 to 9 A.M. Second, a demonstration on new lights and video equipment will be led by her from 9:30 to 10:30 A.M.	클라크 씨께서 주재하실 회의는 두 차례입 니다. 첫 번째로 오전 8시 15분부터 9시까지 최신 촬영 일정 공지 회의를 주관하시고요. 두 번째로는 오전 9시 30분부터 10시 30분 까지 새 조명 및 영상 장비 시연회를 주재하 실 예정입니다.

📣 **고득점 노하우**

• 능동태(will lead)와 수동태(will be led by)의 쓰임에 유의하세요.
• 동사 lead는 session과 demonstration 외에도 workshop, discussion과 자주 함께 사용됩니다.

Q11 찬반: 녹지 공간

Do you agree or disagree with the following statement?

In the future, cities will have fewer green spaces, such as parks and gardens.

Give reasons or examples to support your opinion.

다음 의견에 찬성하시나요, 반대하시나요?

　　미래에는 도시들에 공원이나 정원 같은 녹지 공간이 줄어들 것이다.

본인의 생각을 뒷받침할 수 있는 근거나 사례를 제시하세요.

ANSWER

입장	**I disagree that** cities will have fewer green spaces, such as parks and gardens in the future.	앞으로 도시 내의 공원이나 정원과 같은 녹지 공간이 점점 더 줄어들 거라는 의견에 저는 동의하지 않습니다.
이유	My city, Seoul, **is an example of why I think this**.	제가 사는 도시 서울은 제가 그렇게 생각하는 이유를 보여주는 일례입니다.
예시	**About** 10 **years ago**, there were not many green spaces in Seoul. It was full of buildings and factories. **But recently**, most factories in the city moved out of town and there are some large parks instead. **As a result**, people can spend time with their family or relieve stress in the parks. And **I think** this trend toward increasing the spaces where people can relax in the city is likely to continue **since** city residents recognize the improved quality of life that green spaces bring.	10년 전쯤만 해도, 서울에는 녹지 공간들이 그리 많지 않았습니다. 빌딩과 공장들이 가득 들어차 있었죠. 하지만 최근에는 도시 안에 있던 공장들이 대부분 도시 밖으로 이전했고, 그 자리에 넓은 공원들이 대신 들어섰습니다. 그 결과 사람들이 공원에서 가족들과 함께 시간을 보내거나 스트레스 해소를 할 수 있게 되었죠. 이렇게 도시에서 시민들이 휴식을 즐길 수 있는 공간들을 늘려가는 추세가 계속될 것 같다고 저는 생각합니다. 도시의 주민들도 녹지 공간 덕분에 삶의 질이 향상된다는 사실을 인정하기 때문이죠.
결론	**Therefore, I disagree that** cities will have fewer green spaces, such as parks and gardens in the future.	따라서, 저는 앞으로 도시에서 공원과 정원 같은 녹지 공간들이 점점 더 줄어들 거라는 의견에 동의하지 않습니다.

어휘 | **relieve stress** 스트레스를 풀다 **trend** 추세, 동향 **recognize** 인정[인식]하다

🔊 고득점 노하우

- 문제 유형에 따라 과거(About ~ years ago, When I was ~)와 현재(But recently/nowadays)를 비교하여 예시를 들어도 좋습니다.

- 다음의 답변 키워드를 이용해서 다시 한번 답변해보세요.
  입장: 찬성
  이유: 개발 정책 때문에 녹지가 줄어들고 있다 (development policy)
  예시: ① 내가 중학생이었을 때 고향에 녹지가 많았다 (in my hometown)
  　　② 그런데 지난 10년간 많은 사무용 건물들과 공장이 지어졌다 (have been built)
  　　③ 그 결과, 대부분의 녹지가 사라졌다 (have disappeared)

모범 답변 및
고득점 노하우

08

Q1 견학 안내

Welcome to **Dixon National Park**!＼ // In a **couple** of **minutes**, ／ we'll **begin** our **bicycle tour** around the **park**. ＼ // While **biking** through the **Dixon forest**, / please **remain** on the **path**.＼ // The **tour** should **conclude** at **approximately noon**.＼ // You'll then have an **opportunity** to **eat**, ／ **drink**, ／ and **see the displays** at the **visitor's center**.＼ // I **hope** everyone's **excited**!＼

딕슨 국립공원에 오신 것을 환영합니다! 잠시 후부터 국립공원 일주 자전거 투어를 시작하겠습니다. 자전거를 타고 딕슨 숲을 통과하는 동안, 지정 경로를 벗어나지 마시기 바랍니다. 투어가 끝나는 시간은 대략 정오 무렵입니다. 그런 다음 식사를 하시고, 방문객 센터에서 관람을 하시게 되겠습니다. 여러분 모두 즐거운 시간 되시길 바랍니다!

어휘 | forest 숲, 삼림 remain 머물다 display 전시물, 공연 visitor's center 방문객 센터[안내소]

📣 고득점 노하우
• approximately의 발음에 유의하세요. '-머틀리' 같은 소리가 납니다.
• opportunity의 발음에 유의하세요. 세 번째 음절 'tu'에 강세가 옵니다.
• 느낌표가 사용된 단어는 끝 음을 내려서 읽어주세요.

Q2 광고

Is your **computer starting** to **slow** down? ／ // Would you like a **larger screen**? ／ // If **so**, / **stop** by **Bennington Computer Emporium**.＼ // We **carry** an **enormous selection** of the **latest models** of **desktops**, **laptops**, ／ and **tablets**.＼ // We **also** carry a **huge selection** of **accessories**.＼ // What's **more**, ／ if you **come** in **today**, / you'll **receive** an **additional twenty percent** off.＼

컴퓨터가 느려지기 시작했다고요? 모니터가 좀 더 컸으면 좋겠다고요? 그렇다면, 베닝턴 컴퓨터 매장을 찾아 주세요. 데스크톱 및 노트북, 태블릿의 최신 모델들을 정말 다양하게 정선하고 있으며, 부속기기 또한 못지 않게 갖추고 있습니다. 더욱이, 오늘 오신다면 20% 추가할인 혜택도 누리실 수 있습니다.

어휘 | emporium 대형 마트 selection 선정, 정선품 what's more 더구나 off 할인하여

📣 고득점 노하우
• 광고문은 더 밝고 경쾌한 목소리로 읽어주는 것이 중요합니다.
• 최상급(latest)과 비교급(larger, more)은 강세를 두어 읽어주세요.
• additional의 발음에 유의하세요. 두 번째 음절 'di'에 강세가 옵니다.

Q3 두 사람이 등장하는 사진

🔆 브레인스토밍

장소: taken on a street 거리에서 찍은
주요 대상: a man, loading some furniture into a truck 남자, 트럭에 가구를 싣고 있는
 the other man, handing something 다른 남자, 뭔가를 건네고 있는
주변 대상: cars parked along the side of the road 길가에 주차된 차들

ANSWER 🎧 **T08_R_03**

사진 소개	**This picture was taken** on a street. **There are** two people **in this picture.**	이 사진은 길거리에서 찍은 것입니다. 이 사진에는 두 사람이 있습니다.
주요 대상	**In the middle, I see** a man loading some furniture into a truck. He is wearing a yellow jacket. The other man in the picture is handing something to the first man, but I'm not sure what it is.	가운데에 트럭에 가구를 싣고 있는 남자가 보이는데, 노란색 재킷을 입고 있습니다. 또 다른 남자 한 명이 그 남자에게 뭔가 건네고 있습니다. 하지만 그게 무엇인지는 확실치 않습니다.
주변 대상 및 느낌	**There's** some red equipment **next to** a tree. The equipment has wheels—**I think** they're used to move heavy boxes. **There are** also some cars parked along the side of the road. **In the background of the picture, I can see** some buildings. **It seems like** maybe the men are moving out of an apartment.	나무 옆에는 빨간색 장비 같은 것이 놓여 있습니다. 이 장비에는 바퀴들이 달려 있는데, 무거운 상자를 옮길 때 쓰이는 것 같습니다. 그리고 자동차 몇 대가 길가에 줄지어 주차되어 있습니다. 사진 뒤편으로는 건물들이 보입니다. 아마도 남자들이 아파트에서 이사를 나가는 중인 것 같습니다.

어휘 | load 짐을 싣다, 적재하다 hand 건네다 equipment 장비

📣 고득점 노하우

• 두 사람 중 한 명을 설명한 뒤 나머지 한 명을 설명할 때는 명사 앞에 the other를 붙여주세요.
• 사진에 등장하는 사물이 정확히 무엇인지 모를 때는 I'm not sure what it is라고 말해주세요.
• 장비의 정확한 이름을 모를 때는 equipment라고 칭한 뒤 생김새를 묘사하거나 용도를 말해주세요.
• 사물을 설명할 때는 There is[are] 혹은 I can see로 문장을 시작해주세요.

Q4 세 사람이 등장하는 사진

🎙 브레인스토밍

장소: at a business 사업장에서

주요 대상: picking up something from a display case 진열장에서 뭔가를 집어 들고 있는
holding a black briefcase 검은색 서류가방을 들고 있는

주변 대상: looking at what the man is picking up 남자가 무엇을 집어 드는지 보고 있는
various kinds of baked goods and beverages 다양한 종류의 베이커리 제품과 음료

ANSWER

🎧 T08_R_04

사진 소개	**This is a picture taken** at a business. **It seems like** a small café.	이것은 한 사업장에서 찍힌 사진입니다. 마치 작은 카페 같습니다.
주요 대상	**There are** three people **in this picture**. **The first thing I can see is** a man picking up something from a display case. He is holding a black briefcase.	이 사진에는 세 사람이 있습니다. 가장 먼저 보이는 것은 한 남자가 진열장에서 뭔가를 집어 들고 있는 모습입니다. 그는 검은색 서류가방을 들고 있습니다.
주변 대상 및 느낌	**Next to** him, there is a woman, and she is looking at what the man is picking up. In the display case, there are various kinds of baked goods and beverages.	그의 옆에는 한 여자가 있는데, 남자가 무엇을 집어 드는지 보고 있습니다. 진열장에는 다양한 종류의 베이커리 제품과 음료가 진열되어 있습니다.

📢 고득점 노하우

- 장소를 잘 모르겠으면 그룹형 명사(business, class 등)를 먼저 말한 뒤, 예상되는 업종명을 설명해주세요.
- 관계사(what, which 등)는 만점을 위해 필수적인 요소는 아닙니다. 사용이 어려우면 다른 표현을 써주세요.
- beverages의 발음에 유의하세요. '베버-'와 유사한 소리가 납니다.

Q5~Q7 목욕 용품 관련 설문 조사

🔊 Imagine that a British marketing firm is doing research in your country. You have agreed to participate in a telephone interview about bath products such as soap.

영국 마케팅 업체가 여러분 나라에서 시장 조사를 한다고 가정해 보세요. 당신은 비누와 같은 목욕 용품과 관련된 전화 인터뷰에 응하기로 했습니다.

Q5

🎧 T08_R_05

Q How many people live in your household, and who usually does the shopping for bath products such as soap?	당신의 집에 사는 식구는 몇 명이며, 비누와 같은 목욕 용품들을 사다 놓는 사람은 대개 누구인가요?
A There are four people in my household and my mother usually does the shopping for bath products.	저희 집 식구는 네 명인데, 어머니께서 주로 목욕 용품들을 사오시곤 하죠.

📢 고득점 노하우

• bath는 입을 양쪽으로 당겨서 발음해주세요.

Q6

🎧 T08_R_06

Q Do you have a favorite brand of soap? Why or why not?	특히 좋아하는 비누 브랜드가 있으신가요? 그 이유는 무엇인가요?
A I have a favorite brand of soap. It is called "LUSH" and I like it because they sell soap with fruit scents.	제가 좋아하는 비누 브랜드가 하나 있죠. '러쉬'라는 제품인데 비누에서 과일향이 나서 좋아요.

📢 고득점 노하우

• 상대방이 잘 모를 수 있는 고유명사는 called와 함께 사용해주세요.
• 선호하는 브랜드가 없을 시 그 이유를 다음과 같이 말할 수 있습니다.
  I use any kind of soap. 저는 비누의 종류를 가리지 않습니다.

Q7

🎧 T08_R_07

Q Would you ever consider purchasing soap online? Why or why not?	온라인으로 비누를 구매할 의향이 있습니까? 그 이유는 무엇인가요?
A Yes, I would consider purchasing soap online. First, I usually use the same soap, so it would be easy for me to buy it online—I wouldn't have to worry about getting a soap that has a scent I don't like. Second, I can probably buy soap at a cheaper price on the Internet. Therefore, I would consider purchasing soap online.	예. 온라인으로 구매할 생각이 있습니다. 첫째, 저는 대개 같은 비누를 쓰곤 하므로 온라인으로 구매하는 게 편할 겁니다. 제가 좋아하지 않는 향의 비누를 사는 건 아닌지 걱정할 필요도 없죠. 둘째, 인터넷에서 더 저렴한 가격에 구입할 수 있을 것 같아요. 그래서 저는 비누를 온라인으로 구입할 마음이 있습니다.

📢 고득점 노하우

• 온라인으로 구매할 생각이 없을 경우 답변 아이디어
  1. 배송을 기다리지 않아도 된다 (don't have to wait for delivery)
  2. 구매하기 전에 향을 맡아보고 싶다 (smell soap before buying one)

Q8~Q10 면접 일정

Harris Newspaper International

Summer Intern Interviews
April 23, 10:00 A.M.–6:00 P.M.
Interview Location: Conference Room C

Time	Name of Applicant	Department	School
10:00 A.M.	Ullie Tamsin	Accounting	Packard College
11:00 A.M.	Anna Grant	Art	Sanders College
1:00 P.M.	Melina Vokolos	Marketing	Montrose College
2:00 P.M.	Rong Liu	Advertising	Boulder University
3:00 P.M.	Fred Hanes	Art	Trenton Poly Tech
4:00 P.M.	Franca Torino	Sales	Montrose College
5:00 P.M.	Keiko Suzuki	Accounting	Trane State University

해리스 뉴스페이퍼 인터내셔널
여름 인턴십 지원자 면접
4월 23일 오전 10:00 – 오후 6:00
면접 장소: 컨퍼런스룸 C

시간	지원자 성명	지원부서	출신학교
오전 10:00	울리 탐신	회계부	패커드 칼리지
오전 11:00	애나 그랜트	미술부	샌더스 칼리지
오후 1:00	멜리나 보코로스	마케팅부	몬트로즈 칼리지
오후 2:00	롱 리우	광고부	보울더 대학교
오후 3:00	프레드 헤인즈	미술부	트렌튼 폴리테크
오후 4:00	프랑카 토리노	영업부	몬트로즈 칼리지
오후 5:00	케이코 스즈키	회계부	트레인 주립대학교

🔊 Hello, I'm interviewing applicants tomorrow for our student internship program. But I forgot the schedule on my desk and I was hoping you could take a look at it for me.

안녕하세요. 내일 인턴십 프로그램에 지원하는 학생들을 면접하기로 되어 있는데, 일정표를 책상에 놔두고 왔습니다. 대신 봐주시고 확인을 좀 부탁 드리고 싶어서요.

Q8

T08_R_08

Q Where will the interviews be held, and what time is the first one?	면접 장소는 어디이고, 첫 번째 면접이 몇 시부터 시작되나요?
A The interviews will be held in Conference Room C, and the first one is scheduled for 10 A.M.	면접 장소는 컨퍼런스룸 C이고, 첫 번째 면접은 오전 10시로 예정되어 있습니다.

📢 고득점 노하우

• 알파벳 C와 숫자 10에 강세를 두어서 말해주세요.

• be scheduled for 외에도 will start/begin at 역시 사용 가능합니다.

Q9

T08_R_09

Q I know we've had some good interns from Boulder University in the past. We don't have any applicants from Boulder, do we?	전에는 보울더 대학교 출신 인턴사원들이 괜찮았던 것으로 아는데, 이번에는 보울더 대학교 출신 지원자들은 없는 거죠, 그렇죠?
A I'm sorry, but you're mistaken. We do have one applicant from Boulder University. His name is Rong Liu.	죄송하지만, 잘못 알고 계십니다. 보울더 대학교 출신 지원자가 한 명 있어요. 이름은 롱 리우입니다.

📢 고득점 노하우

• Rong Liu의 출신 학교명이 질문에서 이미 언급되었기 때문에 답변 시간이 부족하다면 생략해도 무방합니다.

Q10

T08_R_10

Q I'm particularly interested in getting good interns for the art department. Can you give me all the details about the interviews with applicants applying to work in the art department?	괜찮은 미술부 인턴사원을 선발하는 데 특히 관심이 많아요. 미술부 지원자들의 면접과 관련하여 자세히 전부 알려주시겠어요?
A There are two interviews scheduled for the art department. First, there will be an interview with Anna Grant at 11 A.M. She studied at Sanders College. Second, you will interview Fred Hanes, who studied at Trenton Poly Tech, at 3 P.M.	예정된 미술부 면접은 두 건입니다. 첫 번째는 오전 11시에 있을 애나 그랜트와의 면접이에요. 그녀는 샌더스 칼리지 출신입니다. 두 번째는 오후 3시에 프레드 해인즈와의 면접인데요, 이 사람은 트렌튼 폴리테크 출신입니다.

📢 고득점 노하우

• interview를 명사와 동사로 한 번씩 사용하여 다른 구조의 문장으로 답변을 구성하면 더욱 좋습니다.

• '대학교에서'라는 의미를 나타낼 때는 전치사 at을 사용해주세요.

• studied at을 is from으로 바꾸어 표현해도 됩니다.

Q11 선택: 작가의 성공 요인

Which of the following has the greatest influence on whether or not an author is successful? Choose ONE of the options provided below, and give specific reasons or examples to support your opinion.
  • A passion for writing
  • Persistence
  • Support from friends and family
	다음 중 작가의 성공을 좌우하는 데 가장 크게 영향을 미치는 요소는 무엇인가요? 아래 중 한 가지를 선택하고, 구체적인 근거와 사례를 들어 본인의 생각을 설명하세요.
	  • 창작열
	  • 끈기
	  • 가족과 친구들의 지원

어휘 | **passion** 열정 **persistence** 끈기

ANSWER

🎧 T08_R_11

입장	**I think** a passion for writing has the greatest influence on whether or not an author is successful.	저는 창작열이 작가의 성공 여부에 가장 큰 영향을 미친다고 생각합니다.
이유	**I have this opinion because** I believe that passion can keep an author motivated.	제가 이렇게 생각하는 이유는 창작열 덕분에 작가가 지속적으로 의욕을 갖게 되는 거라고 생각하기 때문입니다.
예시	**For example,** there is a famous Korean author who writes a lot of books. He is known as a very passionate writer. To gather ideas for new books, he doesn't hesitate to travel to dangerous places or to meet strangers. He enjoys doing research and spending time every day writing. Because of his passion, he is very successful. He has written more than twenty books, and all of his books are full of interesting ideas. They always receive good reviews and all of them are best-sellers.	예를 들어, 다작하시는 한국의 유명 작가 한 분이 계십니다. 그분은 매우 열정적인 작가로 알려져 있죠. 신작 아이디어를 얻기 위해서라면 위험한 곳을 찾아가거나 낯선 이들을 만나는 일도 주저하지 않으시죠. 자료 조사도 좋아하고 매일 글을 쓰면서 즐겁게 시간을 보내시죠. 그분은 창작열에 힘입어 작가로 큰 성공을 거두셨죠. 스무 권이 넘는 책을 저술하셨고, 하나같이 흥미로운 이야기들이 가득합니다. 늘 호평을 받으며 베스트셀러 자리를 차지하고 있죠.
결론	**So, based on** my knowledge of this author, **I think** a passion for writing has the greatest influence on whether or not an author is successful.	그래서, 이 작가분에 대해 제가 알고 있는 바에 근거하여, 저는 창작열이 작가의 성공을 좌우하는 데 가장 큰 영향을 미치는 요소라고 생각합니다.

TEST 08

어휘 | **motivate** 동기를 부여하다 **hesitate** 망설이다, 주저하다 **research** 자료 조사 **review** 서평

📢 고득점 노하우

• 'keep + 사람 + motivated', '(영화, 책, 레스토랑 등) receive good reviews'와 같은 표현은 활용도가 높으니 암기해 두세요.

• 다음의 답변 키워드를 이용해서 다시 한 번 답변해보세요.
  입장: 끈기
  이유: 책을 출간하는 데 많은 시간과 노력이 든다 (It takes a lot of time and effort, publish)
  예시: ① 어느 유명 작가는 끈기 있는 작가로 알려져 있다 (persistent)
      ② 그는 책의 내용을 마음에 들 때까지 수년에 걸쳐 수정한다 (revise, over the years)
      ③ 그 결과, 그의 책은 좋은 평을 받는다 (receive good reviews)

모범 답변 및
고득점 노하우

09

Q1 안내 방송

🎧 T09_R_01

Attention, students.↘ // This **Friday night**, / the **Maytown School's yearly fund-raising dinner** / will be **held** in the **cafeteria**.↘ // **Tickets** are **ten** dollars per **person**.↘ // **All money raised** / will **benefit programs** / like **sports**,↗ **performing arts**,↗ and **student government**.↘ // To **enjoy** a **delicious dinner** / and **support** our **schools**, / **purchase** your **tickets today**!↘

학생 여러분, 주목해 주십시오. 이번 주 금요일 밤, 구내 식당에서 메이타운 학교의 연례 기금 모금 만찬회가 열립니다. 입장권은 1인당 10달러입니다. 모금된 기금은 전액 스포츠와 공연예술, 학생회 등의 프로그램 후원에 쓰일 것입니다. 근사한 만찬과 학교 후원을 위해 오늘 당장 입장권을 구입하시기 바랍니다!

어휘 | fund-raising 기금모금(의) cafeteria 구내식당 benefit 도움을 주다 performing arts 공연예술

📢 **고득점 노하우**

· 요일 명사에는 강세를 두어 읽어주세요.
· 주어가 세 단어 이상이면 동사 앞에서 끊어 읽습니다.
· 느낌표가 사용된 단어는 끝 음을 내려서 읽어주세요.

Q2 광고

🎧 T09_R_02

Are you **looking** for a **place** to **live**?↗ // **Green Meadows** is a **new apartment complex** / that can **meet** your **needs**.↘ // Our **homes feature modern kitchens**,↗ **hardwood floors**,↗ and **spacious bedrooms**.↘ // **Additionally**, / our **apartments** are **conveniently located** near **several restaurants** and **shops**.↘ // If you're **interested** in **visiting** our **properties**, / **call Green Meadows today**!↘

보금자리를 찾고 계십니까? 신설 아파트 단지 그린 메도우스가 여러분의 바람을 이루어 드릴 것입니다. 저희 아파트들은 최신식 주방과 원목 마루, 넓은 침실 공간을 갖추고 있습니다. 게다가 저희 아파트 단지는 레스토랑과 상점들도 인근에 위치하고 있어 편리합니다. 저희 아파트들을 둘러보고 싶으시다면 오늘 당장 그린 메도우스로 전화 주시기 바랍니다!

어휘 | complex (주택) 단지 hardwood floor 원목 마루 spacious 널찍한 property 건물, 부동산

📢 **고득점 노하우**

· 관계사 that 앞에서 끊어 읽어주세요.
· modern의 발음에 유의해주세요. 입을 크게 벌려 '마'처럼 발음해주세요.
· 부사와 형용사가 함께 쓰인 경우(conveniently located) 두 단어 모두에 강세를 두어 읽어주세요.
· 시간부사 today에 강세를 두어 읽어주세요. 마찬가지로 tonight, tomorrow 같은 시간부사가 나오면 강세를 두어 읽어주세요.

Q3 여러 사람이 등장하는 사진

🔆 브레인스토밍

장소: a training room 실습교육실
주요 대상: three people, sitting at a desk 세 사람, 책상에 앉아 있는
a man, giving them some training 한 남자, 교육을 진행하는
주변 대상: a TV monitor and a projector screen TV 모니터와 프로젝터 스크린
a woman, looking at the trainer 한 여자, 강사를 쳐다보고 있는

ANSWER

🎧 T09_R_03

사진 소개	**This looks like** some sort of a training room.	이곳은 일종의 실습교육실인 듯합니다.
주요 대상	**We can see** three people in the front row of the audience sitting at a desk and each of them has a laptop computer. **In the front of the room**, a man is giving them some training.	책상에 앉아 있는 사람들 중 맨 앞줄의 세 사람만 보이는데, 각자 노트북 컴퓨터를 가지고 있습니다. 교실 앞쪽에는 한 남자가 교육을 진행하고 있습니다.
주변 대상 및 느낌	**Behind** him, **I can see** a TV monitor and a projector screen. **On the right side of the picture**, a woman is sitting facing the audience, but she is also looking at the trainer. **It seems like** they are in the middle of some training at work.	그 남자 뒤에는, TV 모니터와 프로젝터 스크린이 보입니다. 사진 오른쪽에는 한 여자가 학생들 쪽을 향해 앉아 있는데, 그녀는 강사를 쳐다보고 있기도 합니다. 교육이 한창 진행 중인 것처럼 보입니다.

어휘 | audience 청중, 관객 **projector screen** 프로젝터 스크린, 투사[영사]막 **face** ~를 향하다

🔊 고득점 노하우

- 공통점이 있는 인물은 함께 설명해주세요.
- '책상에 앉아 있다'라고 말할 때는 전치사 at을 사용해주세요.
- 분사구문의 활용이 어려우면(a woman is sitting facing the audience), 접속사를 이용해서 두 문장으로 설명하는 것도 좋은 전략입니다. (a woman is sitting in a chair and she is facing the audience)
- '~하는 중'의 의미를 가지는 표현 in the middle of는 활용 빈도가 높으니 꼭 익혀두세요.

Q4 여러 사람이 등장하는 사진

🎙 브레인스토밍

장소: in a waiting area 대기실에서
주요 대상: looking at some papers 서류를 보고 있는
a black backpack and a guitar case 검은색 배낭과 기타 케이스
주변 대상: reading a newspaper 신문을 읽고 있는
talking to each other 서로 이야기를 하는

ANSWER

🎧 T09_R_04

사진 소개	**I think this picture was taken** in a waiting area. **There are** five people **in this picture** and all of them are sitting on a bench.	이 사진은 대기실에서 찍은 것 같습니다. 사진에는 다섯 명의 사람들이 있고 그들 모두가 벤치에 앉아 있습니다.
주요 대상	**On the left side of the picture**, a man wearing a red, black, and white jacket is looking at some papers. He has a black backpack and a guitar case next to him.	사진 왼쪽에는 빨간색, 검정색, 흰색 재킷을 입은 한 남자가 서류를 보고 있습니다. 그의 옆에는 검은색 배낭과 기타 케이스가 있습니다.
주변 대상 및 느낌	Another man is reading a newspaper. **On the right side of the picture**, two people are talking to each other.	또 다른 남자는 신문을 읽고 있습니다. 사진의 오른쪽에는 두 사람이 이야기를 나누고 있습니다.

📢 고득점 노하우

• 공통점이 있는 사람들은 함께 묘사해 주세요.
• 세 가지 항목을 열거할 때 억양에 유의해서 발음해 주세요. 첫 두 개의 끝음은 올리고, 마지막 항목의 끝음은 내려주세요. 또 white은 '화이트'가 아닌 '와잍'처럼 발음됩니다.
• 체크무늬는 checkered라고 합니다.

TEST 09

Q5~Q7 화초 관련 설문 조사

🔊 Imagine that a gardening magazine is preparing an article. You have agreed to answer some questions about houseplants.

원예 전문 잡지가 기사 취재를 하고 있다고 가정해 보세요. 당신은 화초와 관련된 전화 인터뷰에 응하기로 했습니다.

Q5
🎧 T09_R_05

Q How many plants do you have in your home, and where in your home do you keep them?	당신의 집에는 화분이 몇 개 있으며, 그 화분들을 집안 어느 곳에 두고 키우고 있나요?
A I have a lot of plants in my home and I keep them in the living room.	저희 집에는 화분들이 아주 많은데, 모두 거실에다 두고 키우고 있어요.

📢 고득점 노하우
- 실제로 화초를 키우지 않더라도, '없다'와 같은 부정적인 답변보다는 위의 예시처럼 주어진 질문에 모두 답변하는 것이 좋습니다.

Q6
🎧 T09_R_06

Q Have you ever bought flowers or other plants on the Internet? Why or why not?	온라인으로 꽃이나 화초를 구입한 적이 있으신가요? 그 이유는 무엇인가요?
A I've never bought flowers or other plants on the Internet. Because I'm worried that plants might be damaged during the delivery.	전 인터넷으로 꽃이나 화초를 구입한 적이 한 번도 없어요. 배송 중 파손될까 봐 걱정이 되기 때문이죠.

📢 고득점 노하우
- 구매 경험이 있는 경우 답변
  1. 집 근처에 꽃집이 없다 (no flower shop near my house)
  2. 온라인에서는 더 다양한 화초를 판매한다 (a larger variety of plants on the Internet)

Q7
🎧 T09_R_07

Q What do you think would be some challenges of growing plants inside your home?	집안 실내에서 화초를 키우는 데 있어서 어려운 점들은 무엇이라고 생각하시나요?
A The biggest challenge is, they can't get enough sunlight. So, I need to take them outside at least once a week and it takes a long time to do that.	가장 큰 어려움이라면 화초가 햇볕을 충분히 쬐지 못한다는 점이죠. 그래서 적어도 일주일에 한 번은 바깥에 내놓아야 하는데, 이게 시간이 많이 걸립니다.

📢 고득점 노하우
- some이 포함된 질문에 아이디어가 하나밖에 생각이 나지 않으면 이를 상세히 설명하는 것도 좋은 전략입니다.
- 두 가지 아이디어가 떠올랐을 경우, 첫 번째 아이디어는 most of all로, 두 번째 아이디어는 also로 시작해주세요.

Lakewood County Fitness Center: Group Exercise Classes

Schedule for September
Members: FREE! Nonmembers: $50 per class

Class	Day of the Week	Time	Instructor
Total Body Conditioning	Mondays	4:30–5:30 P.M.	Tony
Cardio Fitness Training	Mondays	6:00–7:00 P.M.	Julie
Dance for Fitness	Tuesdays	7:00–8:00 A.M.	Ann Marie
Circuit Training	Tuesdays	7:00–8:00 P.M.	Tony
Water Exercise	Thursdays	6:00–7:00 A.M.	Julie
Dance for Fitness	Saturdays	1:00–2:00 P.M.	Jee Wha

레이크우드 카운티 피트니스 센터: 단체 운동 교실

9월 일정표
회원: 무료! **비회원:** 강좌당 50달러

강좌	요일	시간	강사
종합 신체 단련 운동법	월요일	오후 4:30 - 5:30	토니
심장 강화 운동법	월요일	오후 6:00 - 7:00	줄리
댄스 운동법	화요일	오전 7:00 - 8:00	앤 마리
순환식 운동법	화요일	오후 7:00 - 8:00	토니
수중 운동법	목요일	오전 6:00 - 7:00	줄리
댄스 운동법	토요일	오후 1:00 - 2:00	지 화

TEST 09

🔊 Hi. I'm interested in taking a group exercise class, and I'm hoping you can give me some information.

안녕하세요, 단체 운동 교실에 관심이 있는데요, 몇 가지 궁금한 점을 알려주셨으면 합니다.

Q8

T09_R_08

Q How much does it cost to take a class?	강좌당 수강료는 얼마죠?
A If you are a member, it is free. If not, it is 50 dollars per class.	회원이시면 무료이지만, 회원이 아니시면 한 강좌당 50달러입니다.

🔊 **고득점 노하우**

• If not 대신 If you are not a member 혹은 If you are a nonmember라고 말할 수도 있습니다.

Q9

T09_R_09

Q I'm interested in the Water Exercise class. That's on Wednesdays, right?	수중 운동법 강좌에 관심이 있는데요, 그 강좌는 매주 수요일에 열리는 게 맞죠?
A I'm sorry, but that's actually not the case. It is scheduled on Thursdays from 6 to 7 A.M.	죄송하지만, 실은 그렇지 않습니다. 그 강좌는 매주 목요일 오전 6시에서 7시로 예정되어 있습니다.

🔊 **고득점 노하우**

• 매주 반복되는 강좌의 일정의 경우, 요일의 뒤에 꼭 s를 붙여서 발음해주세요.
• 요일을 확인하는 질문이므로, 강사의 이름은 말하지 않아도 됩니다.

Q10

T09_R_10

Q I heard you offer a Dance for Fitness class. Could you give me all the details about any Dance for Fitness classes you'll be offering?	댄스 운동법 강좌가 있다고 들었는데요, 진행 예정인 댄스 운동법 강좌에 대해서 자세히 전부 알려주시겠어요?
A We hold Dance for Fitness twice a week. Dance for Fitness will be conducted by Ann Marie on Tuesdays from 7 to 8 A.M. And Jee Wha will also teach another Dance for Fitness class on Saturdays from 1 to 2 P.M.	댄스 운동법 강좌는 매주 두 번 열립니다. 매주 화요일 오전 7시부터 8시 댄스 운동법 강좌는 앤 마리 선생님이 맡아주시고, 지 화 선생님 또한 매주 토요일 오후 1시부터 2시 댄스 운동법 강좌를 맡으실 겁니다.

🔊 **고득점 노하우**

• 진행되는 시간이 둘 다 오전 혹은 오후인 경우, A.M.과 P.M.은 뒤의 숫자에 한 번만 사용해주세요.
• 다음과 같이 안내할 수도 있습니다.
  You can take Dance for Fitness class conducted by Ann Marie on Tuesdays from 7 to 8 A.M.
  매주 화요일 오전 7시부터 8시까지 앤 마리 선생님이 진행하는 댄스 운동법 강좌를 들으실 수 있습니다.
• 교재 앞부분의 '파트별 고득점 전략'에 나온 강좌 일정처럼 강사의 이름이 없는 항목을 설명하는 방식도 학습해두세요.

Q11 찬반: 스트레스 대처 방법

Do you agree or disagree with the following statement? *The best way to deal with work-related stress is by talking to a supervisor.* Give reasons or examples to support your opinion.	다음과 같은 의견에 찬성하시나요, 반대하시나요? 업무와 관련된 스트레스에 대처하는 최선의 방법은 상사와 상담을 하는 것이다. 본인의 의견을 뒷받침하는 근거와 사례를 제시하세요.

어휘 | **work-related** 업무와 관련된 **supervisor** 관리자, (부서의) 장

ANSWER

🎧 **T09_R_11**

입장	**I agree that** the best way to deal with work-related stress is by talking to a supervisor.	저는 업무 관련 스트레스에 대처하는 최선의 방법은 상사와 상담하는 것이라는 의견에 동의합니다.
이유	**For one thing,** they have solutions to various problems in the workplace.	우선 한 가지 이유는, 관리자들에게는 직장에서 일어나는 여러 문제들에 대한 해결책이 있기 때문입니다.
예시	**When I was** a new employee, I had difficulty in getting used to the computer programs for work, which made me feel stressed. But fortunately, my supervisor taught me some important computer skills I needed to get started. And she also introduced me to some training videos online to help me advance my skills. As a result, I could learn essential skills to use the programs in a short time. And since I could use the new computer programs easily after that, I didn't feel so stressed.	저는 신입사원 시절에 업무용 컴퓨터 프로그램을 익히는 데 어려움을 겪었고, 그 때문에 스트레스를 받았었죠. 하지만 다행히도 업무를 시작할 때 필요한 핵심적인 컴퓨터 기술 몇 가지를 제 상사분이 가르쳐 주셨죠. 그리고 컴퓨터 기술을 숙달하는 데 도움이 되는 온라인 교육 영상도 알려주셨죠. 그 결과, 저는 프로그램 사용에 꼭 필요한 조작법을 단시일에 익힐 수 있었습니다. 그리고 그 이후로는 새로운 컴퓨터 프로그램을 손쉽게 사용할 수 있었으므로 스트레스를 별로 받지 않았죠.
결론	**Therefore, I agree that** the best way to deal with work-related stress is by talking to a supervisor.	그래서 업무 관련 스트레스를 해결하는 최선의 방법은 상사와 상담하는 것이라는 의견에 동의합니다.

어휘 | **various** 여러 가지의, 다양한 **advance** (기술 등을) 숙달하다, 향상하다 **essential** 필수[기본]적인

📣 고득점 노하우

• For one thing, ~으로 첫 번째 이유를 제시한 다음 두 번째 이유(For another, ~)를 제시해도 좋지만, 필수는 아니므로 한 가지 이유와 예시를 자세히 들어주어도 됩니다.

• 다음의 답변 키워드를 이용해서 다시 한 번 답변해보세요.
  입장: 반대
  이유: 상사가 항상 이상적인 해결책을 제시하는 것은 아니다 (does not always offer an ideal solution)
  예시: ① 이전 직장 동료가 다른 동료와 잘 어울리지 못했다 (previous coworker, didn't get along with)
  　　② 그래서 그녀는 상사에게 도움을 요청했다 (asked her supervisor for help)
  　　③ 그리고 그의 상사는 그녀를 다른 부서로 전출시켰다 (transferred her to another department)

모범 답변 및
고득점 노하우

10

Q1 일기 예보

🎧 T10_R_01

A **snowy weekend** is **expected** for **much** of our **listening area**.↘ // Over the **next three** days, / a **winter storm** will **generate low temperatures**, / **wind**,↗ and a **few centimeters** of **snow**.↘ // Because of the **potential** for **poor driving conditions**, / be **sure** to **allow plenty** of **travel time**.↘	우리 방송 권역 내 여러 곳에 주말 동안 눈이 내릴 것으로 예상됩니다. 앞으로 사흘간은 겨울 폭풍의 영향으로 기온이 하락하고 바람이 몰아치며, 눈도 다소 쌓일 것으로 보입니다. 도로 노면 상황도 좋지 않을 가능성이 크므로, 어디를 가실 때에는 시간을 넉넉히 잡으시기 바랍니다.

어휘ㅣ winter storm (강한 저기압으로 인한) 겨울 폭풍 generate 발생시키다 potential 가능성

📢 **고득점 노하우**

• next와 last는 강세를 두어 읽어주세요.
• allow는 입을 크게 벌려 '라우'처럼 발음해주세요.
• travel의 발음에 유의하세요. 입을 양쪽으로 당기며 발음해서 trouble처럼 들리지 않게 해주세요.

Q2 뉴스 방송

🎧 T10_R_02

Tonight's business report will **survey** the **local dairy industry**, / an **important growth sector** in our **economy**.↘ // **Bryce County** is becoming **well-known** for its **quality milk**,↗ **cheese**,↗ and **butter products**.↘ // Of **course**, / this has **meant increased profits** for our **farmers**.↘ // **Tonight** on the **show**,↗ we'll **speak** to a **few agricultural workers** / **involved** in this **success story**.↘	오늘 밤 경제 뉴스는 우리 지역 경제에 있어서 중요한 성장 분야인 낙농업을 살펴보기로 하겠습니다. 브라이스 카운티는 고품질 우유와 치즈, 버터 제품들로 명성이 높아지고 있습니다. 물론, 이는 우리 농가들의 수익 증대를 의미하겠죠. 오늘 밤에는 이러한 성공 신화를 써나가고 있는 몇몇 농부들과 이야기를 나눠보도록 하겠습니다.

어휘ㅣ survey 살피다 dairy industry 낙농업 growth sector 성장 부문 quality 고급의 increased profit 수익 증대

📢 **고득점 노하우**

• 명사와 부사 tonight, today, tomorrow에는 강세를 두어 읽어주세요.
• dairy의 발음에 유의하세요. '다이어리' 혹은 '데이리'처럼 발음하는 분들이 많습니다.
• agricultural의 발음에 유의하세요. 세 번째 음절 'cul'에 강세가 옵니다.

TEST 10

93

Q3 두 사람 중심 사진

🔦 브레인스토밍

장소: taken in a library 도서관에서 찍은
주요 대상: a woman, talking on the phone 한 여자, 통화를 하고 있는
a woman, standing in front of the desk 한 여자, 책상 앞에 서 있는
주변 대상: a computer and a telephone 컴퓨터와 전화기
many books, arranged on the bookshelves 많은 책들, 책장에 꽂혀 있는

ANSWER

사진소개	**It looks like this picture was taken** in a library. **I see** two people **in this picture**.	이 사진은 도서관에서 찍은 것 같습니다. 이 사진에는 두 사람이 보입니다.
주요대상	**On the left side of the picture**, a woman is talking on the phone. She has long black hair and is wearing glasses. **On the right side of the picture**, a woman is standing in front of the desk. She also has long black hair.	사진 왼편의 여자는 전화 통화를 하고 있으며, 긴 까만 머리에 안경을 쓰고 있습니다. 사진 오른쪽에는, 한 여자가 책상 앞에 서 있습니다. 이 여자 역시 긴 까만 머리입니다.
주변대상및느낌	**There is** a computer and a telephone on the desk. **In the background**, many books are arranged on the bookshelves. **I'm not sure, but maybe** the women are librarians.	책상 위에는 컴퓨터와 전화기가 놓여 있습니다. 사진 뒤편으로는, 서가에 책들이 가득 꽂혀 있습니다. 확실치는 않지만, 아마도 이 여자들은 도서관 사서인 것 같습니다.

어휘 | arrange 정리하다, 배열하다

📢 고득점 노하우

• 머리 스타일을 설명할 때 관사 a를 사용하지 않도록 유의하세요.
  She has a long black hair. (X)
• '꽂혀 있다'처럼 사물의 상태를 정확히 묘사하기 어려울 때, There are some books on the bookshelves.라고 간단하게 말해줘도 괜찮습니다.

Q4 한 사람이 등장하는 사진

🎙️ 브레인스토밍

장소: on a porch 현관에

주요 대상: standing up to reach part of the ceiling 천장에 도달하기 위해 일어서 있는
wearing dark pants and a T-shirt 어두운 색 바지와 티셔츠를 입고 있는
using a tool to make a hole in the ceiling 천장에 구멍을 내기 위해 도구를 사용하고 있는

주변 대상: a plant hanging from a hook 고리에 매달려 있는 식물

ANSWER

🎧 **T10_R_04**

사진 소개	**In this picture**, a man is standing up to reach part of the ceiling. He is wearing dark pants and a T-shirt.	이 사진에서, 한 남자가 천장에 도달하기 위해 일어서 있습니다. 그는 어두운 색 바지와 티셔츠를 입고 있습니다.
주요 대상	I think he is on a porch. He is using a tool to make a hole in the ceiling.	그는 현관에 있는 것 같습니다. 그는 천장에 구멍을 내기 위해 도구를 사용하고 있습니다.
주변 대상 및 느낌	**There is** a plant hanging from a hook **on the left side of the picture**. So, I think the man is planning to hang up another plant.	그림 왼쪽에 있는 고리에 식물이 매달려 있습니다. 그래서, 저는 그 남자가 식물을 하나 더 매달 계획이라고 생각합니다.

📢 고득점 노하우

• 사진에 인물이 한 명인 경우 인물을 두 문장 이상 자세히 묘사해주세요.

• 사물의 정확한 이름을 모르면 그룹형 명사(tool)를 사용해주세요.

• 주변 대상을 설명할 때 위치 표현을 나중에 말해도 괜찮습니다.
  There is a plant hanging from a hook on the left side of the picture.

TEST 10

Q5~Q7 기념품 관련 설문 조사

🔊 Imagine that someone wants to open a new souvenir shop in your area. You have agreed to participate in a telephone interview about buying souvenirs, which are small items people buy to remember a place they traveled to.

당신이 거주하는 지역에 기념품점을 새로 개업하려는 사람이 있다고 가정해 보세요. 당신은 여행을 갔던 기념으로 구입하는 소형 상품, 즉 기념품 구입과 관련된 전화 인터뷰에 응하기로 했습니다.

Q5

Q	If you wanted to give someone a souvenir to remind them of the area where you live, what would you give them, and why?	당신이 사는 지역을 떠올려주는 기념품을 누군가에게 선물하려 한다면, 어떤 것을 선물하시겠어요? 그 이유는 무엇인가요?
A	I would give them a mug from a café called Starbucks. I think this is a good gift because it has a beautiful image of my city on it.	저라면 스타벅스 카페 머그잔을 주겠어요. 제가 사는 도시의 멋진 이미지가 담겨 있어서 좋은 선물이 될 것 같아요.

📢 고득점 노하우
• 유명한 고유명사를 언급할 때는 called를 사용하지 않아도 됩니다. 예: I would give them a mug from Starbucks.

Q6

🎧 T10_R_06

Q	If a new souvenir shop opened in your area, do you think it would be successful? Why or why not?	당신이 거주하는 지역에서 기념품 상점을 개업한다면, 장사가 잘되리라고 보시나요? 그 이유는 무엇인가요?
A	If a new souvenir shop opened in my area, I don't think it would be successful, because not many tourists come to my area.	이 근방에 기념품 가게가 생긴다면, 장사가 잘 될 것 같지는 않아요. 관광객들이 많이 오는 곳이 아니니까요.

📢 고득점 노하우
• 장사가 잘될 것 같은 경우: 지역 내에 유명한 관광지가 많다 (many famous tourist spots in my area)

Q7

🎧 T10_R_07

Q	If you were shopping at a souvenir shop, which of the following would you be most likely to buy, and why? • Postcards • Shirts • Coffee cups	당신이 기념품 상점에서 쇼핑을 한다면, 다음 중 어떤 상품을 구입할 것 같습니까? 그 이유는 무엇인가요? • 엽서 • 셔츠 • 커피잔
A	I would be most likely to buy coffee cups. I drink coffee almost every day, so the coffee cups will remind me of the trip. Also, they are the most useful items out of the options. For example, not many people use postcards nowadays, and I wouldn't wear a tourist shirt very much.	저라면 아마도 커피잔을 구입할 것 같아요. 저는 커피를 거의 매일같이 마시는 편이므로, 커피잔이 추억을 떠올려 주겠죠. 또한, 이 중에서는 커피잔이 가장 유용한 물건이니까요. 가령, 엽서 같은 건 요즘 쓰는 사람이 별로 없잖아요. 그리고 관광 기념 셔츠는 제가 잘 안 입을 것 같아요.

📢 고득점 노하우
• 고르지 않은 선택 사항의 단점을 이유로 제시하는 것도 좋은 전략입니다.

Annual Leadership Conference
Location: Martin Business Center

Single day: $45.00   Full conference: $75.00

April 24	9:30	Keynote Speech	Natalia Ortiz
	10:00	Lecture: Leadership Styles	Pedro Marquez
	Noon	Lunch	
	1:30	Video Presentation: Resolving Conflict	
	2:30	Discussion: Promoting Staff Creativity	Adam Goldberg
April 25	9:30	Lecture: Building a Professional Network	Song Cao
	11:00	Workshop: Managing Remote Staff	Adam Goldberg
	12:30	Lunch	
	2:00	Workshop: Managing Large Teams	Pedro Marquez

연례 리더십 컨퍼런스
장소: 마틴 비즈니스 센터

1일 참가비: 45달러   컨퍼런스 전체 참가비: 75달러

4월 24일	9:30	기조 연설	나탈리아 오티즈
	10:00	강연: 리더십 유형	페드로 마르케즈
	정오	중식	
	1:30	비디오 프레젠테이션: 갈등 해결법	
	2:30	토론회: 직원들의 창의력 촉진법	애덤 골드버그
4월 25일	9:30	강연: 전문가 네트워크 구축법	송 카오
	11:00	워크숍: 원거리 직원 관리법	애덤 골드버그
	12:30	중식	
	2:00	워크숍: 대규모 팀 관리법	페드로 마르케즈

TEST 10

Hi there. I'm interested in attending the leadership conference this April, but I can't find any details about the agenda online. I hope you can answer some of my questions.

안녕하세요. 오는 4월에 열리는 리더십 컨퍼런스에 참가하고 싶은데요. 온라인상에서 일정에 관해 자세한 내용을 찾을 수가 없네요. 몇 가지 궁금한 사항에 대해 알려주셨으면 좋겠습니다.

Q8

🎧 T10_R_08

Q What are the dates of the conference, and where is it being held?	컨퍼런스 개최 일자는 언제이고, 개최 장소는 어디죠?
A The conference will be held from April 24th to the 25th at the Martin Business Center.	컨퍼런스는 4월 24일과 25일에 개최되고, 장소는 마틴 비즈니스 센터입니다.

📢 고득점 노하우

• 날짜를 설명할 때 같은 월을 두 번 말하지 않습니다. 단, 두 번째 날짜(25th) 앞에는 꼭 관사 the를 붙여주세요.
• business center 혹은 conference center 앞에 the를 붙여주세요

Q9

🎧 T10_R_09

Q If I can only attend one day of the conference, do I still have to pay for the full conference?	컨퍼런스에 하루밖에 참가할 수 없다고 해도 전체 참가비를 다 내야만 하나요?
A Actually, no. If you attend one day, it is 45 dollars.	실은 그렇지 않습니다. 하루만 참가하신다면 45달러만 내시면 됩니다.

📢 고득점 노하우

• 이런 답변도 가능합니다.

You can just pay $45 if you attend one day. 하루만 참가하신다면 45달러만 내시면 됩니다.

Q10

🎧 T10_R_10

Q Pedro Marquez is a good friend of mine, so I'd like to attend as many of his sessions as I can. Can you give me all the details about the sessions Pedro is leading?	페드로 마르케즈는 저의 친한 친구라서, 페드로가 진행하는 강연들에는 최대한 많이 참석하고 싶어요. 페드로가 진행하는 강연들에 대해서 자세히 전부 알려주시겠어요?
A There are two sessions that Pedro Marquez is leading. First, he will give a lecture about leadership styles on April 24th at 10 A.M. Second, he will lead a workshop on managing large teams on April 25th at 2 P.M.	페드로 마르케즈 씨가 주재하시는 강연은 두 차례입니다. 첫째로, 4월 24일 오전 10시에 리더십 유형에 대한 강연을 하실 예정입니다. 둘째로, 4월 25일 오후 2시에 대규모 팀 관리법에 관한 워크숍을 주재하실 예정입니다.

📢 고득점 노하우

• 이름을 두 번 말하는 것보다 대명사(he, his, him)를 쓰는 것이 고득점에 유리합니다.
• give와 함께 사용되는 명사: lecture, speech, presentation
• lead와 함께 사용되는 명사: workshop, seminar, discussion

Q11 선택: 세상 소식을 접하는 방식

Some people prefer to learn about world events from reading a newspaper. Others prefer to learn about world events by watching the news on television. Which do you prefer and why? Use specific reasons or examples to support your opinion.	어떤 이들은 신문을 통해 세상을 접하는 쪽을 선호합니다. 또 어떤 이들은 텔레비전 뉴스를 통해 세상 소식을 듣는 쪽을 더 선호하기도 합니다. 당신은 어느 쪽을 더 선호하며, 그 이유는 무엇입니까? 구체적인 근거와 사례를 들어 본인의 생각을 설명하세요.

ANSWER

입장 및 이유 1

I prefer to learn about world events by watching the news on television **because** it is much easier to understand the news that way.

저는 텔레비전 뉴스로 세상 소식을 접하는 편이 더 좋습니다. 그렇게 하면 뉴스를 이해하기 훨씬 더 쉽기 때문이죠.

예시

When I was a university student, I used to read a newspaper to learn about world events. However, it was difficult to understand the news sometimes because there were only a few images in the newspaper, and I didn't have time to read all the articles. **But nowadays**, I watch news on television and I can understand the news more easily thanks to the videos and commentary from the news reporters. The television news programs also often invite experts to join them, and you can learn more about a topic by listening to the reporters interview the guests.

대학생 시절에, 저는 신문을 통해 세상 소식을 접하곤 했었죠. 하지만 신문에는 사진이 별로 없어서 무슨 이야기인지 이해하기 힘들 때가 간혹 있었어요. 그리고 기사들을 전부 다 읽을 만한 시간도 없었고요. 하지만 요즘에는 텔레비전으로 뉴스를 보면서, 영상과 보도 기자의 해설 덕분에 내용을 좀 더 쉽게 이해할 수 있게 되었습니다. 또한 TV 뉴스 프로그램은 전문가들을 초청하여 같이 방송할 때도 많으므로, 기자와 초대 손님의 대화를 통해서 문제에 대해 더 많은 것을 알 수 있습니다.

이유 2

Also, I can do other things while I watch the news on television, like cook dinner or clean the house.

게다가, TV 뉴스를 보면서 다른 일을 할 수도 있죠. 가령 저녁을 준비한다거나 집 청소를 하는 등 말이죠.

결론

For these reasons, I prefer to learn about world events by watching the news on television.

이러한 이유들로, 저는 텔레비전 뉴스를 보면서 세상 소식을 접하는 쪽을 선호합니다.

어휘 | **commentary** (라디오, TV의) 해설 **expert** (특정 분야의) 전문가

📢 고득점 노하우

• 과거와 현재의 경험을 비교하는 예시를 만들 때는 다음과 같은 순서로 답변해보세요.
  1. 과거: 신문을 통해 뉴스를 접했던 과거의 경험 소개
  2. 문제점: 그로 인해 발생한 문제점 설명
  3. 현재의 방식: 과거와 달라진 현재의 방식 설명
  4. 장점: 그로 인한 긍정적 변화 설명

• 과거의 사례를 제시할 경우 '한때 ~하곤 했다'라는 의미의 'S + used to + V' 구문을 사용해보세요.

• like cook dinner or clean the house 대신 like/such as cooking dinner or cleaning the house라고 표현해도 됩니다.

모범 답변 및
고득점 노하우

11

Q1 교통 방송

🎧 **T11_R_01**

In **traffic news,** ↗ **maintenance** on the **Wellington Bridge** / is **affecting travelers** this **morning.** ↘ // **Southbound lanes,** ↗ the **bike lane,** ↗ and the **pedestrian walkway** are **all closed** / as **crews** make **repairs.** ↘ // Since the **work** is **expected** to **last throughout** the **day,** / **travelers** are **encouraged** to **find alternate routes across** the **river.** ↘

교통 소식으로는, 오늘 아침 웰링턴 대교의 유지보수 작업으로 인해 통행에 지장이 있다고 합니다. 인부들이 작업 중인 관계로, 남행 차선들과 자전거 도로, 그리고 보행자 보도까지 전부 폐쇄된 상황입니다. 작업은 오늘 하루 종일 계속될 것으로 보이므로, 강을 건너시려는 분들은 다른 우회로를 찾으시는 편이 좋을 것 같습니다.

어휘 | maintenance 보수 관리 southbound lane 남행 차선 pedestrian 보행자 last 지속하다, 계속되다 encourage 권장하다 alternate route 교체 경로, 우회로

📢 고득점 노하우

· pedestrian의 발음에 유의하세요. 두 번째 음절 'de'에 강세가 옵니다.
· 접속사 as 앞에서 끊어 읽어주세요.
· alternate의 발음에 유의하세요. 첫 음절 'al'에 강세가 옵니다. 또, '네이트'라고 발음하지 않도록 유의하세요. '넛'과 유사한 소리로 발음됩니다.

Q2 견학 안내

🎧 **T11_R_02**

Welcome to **today's tour** of the **Larkton Music Museum.** ↘ // We'll **begin** in the **exhibit** of **ancient instruments** from **Europe,** ↗ **Asia,** ↗ and **other parts** of the **world.** ↘ // During the tour, / I'll **describe** the **historical** and **cultural significance** of **music** / from around the **world.** ↘ // If you have any **questions,** ↗ **please don't hesitate** to **ask** me. ↘

오늘 락튼 음악 박물관에 견학 오신 것을 환영합니다. 우선 유럽과 아시아 및 세계 각지의 고대 악기 전시실부터 둘러보겠습니다. 견학을 하는 동안, 세계 전역의 음악과 관련된 역사적, 문화적인 의의들을 설명해 드리겠습니다. 궁금한 부분이 있으시면 언제든지 물어보시기 바랍니다.

어휘 | instrument 도구(여기서는 악기, musical instrument를 말함) significance 의의 hesitate 망설이다

📢 고득점 노하우

· 고유명사의 발음이 어려운 경우, 틀려도 괜찮으니 자신 있게 발음하는 것이 중요합니다.
· exhibit의 발음에 유의하세요. 두 번째 음절 'hi'에 강세가 옵니다.
· historical의 발음에 유의하세요. 두 번째 음절 'to'에 강세가 옵니다.
· 문장 첫 단어로 자주 등장하는 please, welcome, thank에는 항상 강세가 옵니다.
· 부정어 don't에는 항상 강세가 옵니다.

TEST 11

Q3 여러 사람이 등장하는 사진

🎙️ 브레인스토밍

장소: a meeting room   회의실
주요 대상: a woman, showing a document to the others   한 여자, 서류를 다른 사람들에게 보여주는
주변 대상: two women, looking at the document   두 여자, 서류를 쳐다보는
         another woman, looking at a laptop screen   다른 여자, 노트북 모니터를 쳐다보는

ANSWER   🎧 T11_R_03

사진 소개	**There are** four people in a meeting room.	회의실에 네 사람이 모여 있습니다.
주요 대상	**In the middle of the picture,** a woman is showing a document to the others. She is wearing a light blue shirt.	사진 가운데에는 한 여자가 다른 사람들에게 문서를 보여주고 있습니다. 이 여성은 하늘색 셔츠 차림입니다.
주변 대상 및 느낌	Two women are sitting at a table **to the right of** her, and they are looking at the document. The woman **on the right** has red hair, and she is taking notes. **On the left side of the picture**, another woman is looking at a laptop screen. **It seems like** they are having a meeting.	그 여자의 오른편으로, 탁자 앞에 앉아 있는 여자 두 명이 그 문서를 쳐다보고 있습니다. 오른쪽의 여자는 붉은 머리이며, 메모를 하고 있습니다. 사진 왼쪽 편에는 또 다른 여자 한 명이 노트북 모니터를 쳐다보고 있습니다. 마치 회의를 하고 있는 듯한 모습입니다.

📣 고득점 노하우

- 장소를 설명할 때 room과 hall 앞에는 전치사 in을 사용해주세요.
- women의 발음에 유의하세요. '위민'처럼 발음해주세요.
- 한번 설명한 사물(document)을 다시 언급할 때는 관사 the를 사용해주세요.

Q4 세 사람이 등장하는 사진

🎙 브레인스토밍

장소: at a train station platform 승강장에서
주요 대상: looking at a train 기차를 보고 있는
　　　　　 wearing a pink shirt and holding a briefcase 분홍셔츠를 입고 서류 가방을 들고 있는
주변 대상: holding a bag 가방을 들고 있는
　　　　　 a silver train 은색 열차

ANSWER

🎧 T11_R_04

사진 소개	**This is a picture taken** at a train station platform. **There are** three people **in this picture**.	이 사진은 기차역 승강장에서 찍은 사진입니다. 이 사진에는 세 사람이 있습니다.
주요 대상	**The first thing I can see is** two men looking at a train. The man **on the right** is wearing a pink shirt and holding a briefcase. And the other man is wearing a black jacket.	가장 먼저 보이는 것은 기차를 쳐다보는 두 남자입니다. 오른쪽의 남자는 분홍색 셔츠를 입고 있으며 서류 가방을 들고 있습니다. 그리고 다른 남자는 검은색 재킷을 입고 있습니다.
주변 대상 및 느낌	**Behind** them, a woman wearing a black suit is holding a bag. **On the right side of the picture**, there is a silver train. **It seems like** the people are about to get on the train.	그들의 뒤에 검은 양복을 입은 여자가 가방을 들고 있습니다. 사진의 오른쪽에는 은색 열차가 있습니다. 사람들이 곧 기차에 탈 것 같습니다.

🔈 고득점 노하우

- 두 명을 함께 언급한 뒤, 특정 대상을 보강 설명할 때는 The man on the right[left] is ~ 표현을 사용하세요.
- 사진에 남자가 두 명일 때, 한 명은 a man, 다른 한 명은 the other man이라 설명해주세요.
- jacket의 발음에 유의하세요. '재킷'처럼 발음됩니다.
- be about to + V(막 ~하려고 하다) 표현을 익혀 두세요. 답변을 마무리하는 문장에 자주 사용됩니다.

Q5~Q7 거주지 관련 질문

🔊 Imagine you are talking on the telephone to a friend who is considering moving to your area. She is asking questions about living in your area.

당신이 거주하는 지역으로 이사할 생각이 있는 친구와 전화 통화를 한다고 가정해 보세요. 당신이 거주하는 지역의 생활에 관해서 친구가 질문을 합니다.

Q5
🎧 T11_R_05

Q	How long have you lived in your area, and is your workplace or school near where you live?	네가 그 지역에서 산 기간은 얼마나 되니? 직장이나 학교가 네가 사는 곳에서 가까운 편이니?
A	I have lived in my area for 5 years and my workplace is near where I live. It takes about 15 minutes to get there by bus.	나는 여기서 5년 동안 살았고, 직장이 가까워. 버스로 거기까지 가는데 15분밖에 안 걸려.

📢 고득점 노하우

• 전치사 for와 to를 강하게 발음하면 숫자 4와 2처럼 들릴 수 있으니 유의하세요.
• '시간이 ~만큼 걸린다'라는 의미의 'It takes about + 시간' 표현을 익혀 두세요.

Q6
🎧 T11_R_06

Q	What forms of transportation do you usually use in your area?	거기서 네가 주로 이용하는 교통수단은 어떤 거니?
A	I usually use the subway in my area. It is very fast and the price is quite reasonable.	여기서 나는 지하철을 주로 이용해. 빠른데다 요금도 꽤 적당한 편이거든.

📢 고득점 노하우

• '지하철을 이용한다'고 할 때 subway 앞에는 the를 붙여주세요.
• '저렴하다'라는 의미의 cheap 대신 '적당한, 합리적인'이라는 의미의 reasonable을 사용해보세요.

Q7
🎧 T11_R_07

Q	Could you describe what you like best about living in your area?	네가 사는 그 지역에서 가장 마음에 드는 부분은 어떤 건지 알려줄래?
A	What I like best about living in my area is that there are many parks. So, I can relieve my stress by jogging in the parks.	이 지역에서 사는 데 가장 마음에 드는 점은 공원이 많다는 거야. 그래서 공원에서 조깅을 하며 스트레스를 풀 수 있지.

📢 고득점 노하우

• 앞부분(What I like ~ is that)을 생략하고 There are many parks in my area.로 답변을 시작할 수도 있습니다.
• 스트레스와 관련된 다양한 표현을 학습해 두세요.
  be under stress 스트레스를 받다
  deal with stress 스트레스를 해소하려고 하다
  relieve/reduce stress 스트레스를 해소하다/줄이다

Business Marketing Conference: Hopewood Conference Hall		
Daily rate: $50.00 Full conference: $80.00		
April 12 9:30	Workshop: Identifying Audiences	Steven Carson
10:00	Lecture: Product Placement	Rebecca Stern
Noon	Lunch	
2:00	Lecture: Marketing to Special Groups	Greg Sullivan
3:30	Discussion: Building a Global Brand	Sherri Rowen
April 13 9:30	Keynote Speech	Sandra Prida
11:00	Lecture: Consumer Behavior Fundamentals	Brian Moller
12:30	Lunch	
2:00	Workshop: Online Marketing	Rebecca Stern
3:30	Discussion: Selecting Advertising Media	Stefan Tello

비즈니스 마케팅 컨퍼런스: 호프우드 컨퍼런스홀
1일 참가비: 50달러   컨퍼런스 전체 참가비: 80달러

4월 12일 9:30	워크숍: 마케팅 대상 고객층 파악	스티븐 카슨
10:00	강연: PPL 광고	레베카 스턴
정오	중식	
2:00	강연: 특정 고객층을 겨냥한 마케팅	그렉 설리반
3:30	토론회: 글로벌 브랜드 구축 방법	셰리 로웬
4월 13일 9:30	기조 연설	샌드라 프리다
11:00	강연: 소비자 행동의 기본 원칙	브라이언 몰러
12:30	중식	
2:00	워크숍: 온라인 마케팅	레베카 스턴
3:30	토론회: 광고 매체 선정 기법	스테판 텔로

Hello, I'm interested in the upcoming business marketing conference. I couldn't find the full schedule online, so I'm calling to ask you some questions.

안녕하세요. 이번 마케팅 컨퍼런스에 관심이 있는데, 온라인에서 전체 일정표를 찾을 수가 없네요. 그래서 몇 가지 궁금한 점들을 물어보고 싶어 전화드렸습니다.

TEST 11

Q8

🎧 T11_R_08

Q	What day is the keynote speech being given, and what time will it start?	기조 연설은 며칠에 있고, 몇 시부터 시작하죠?
A	The keynote speech will be given on April 13th and it will start at 9:30 A.M.	기조 연설은 4월 13일에 있을 예정이고, 오전 9시 30분부터 시작됩니다.

📣 고득점 노하우

• 시간 관련 정보들은 전치사를 이어 붙여서 한 문장으로 설명할 수 있습니다.
  The keynote speech will be given on April 13th at 9:30 A.M.

Q9

🎧 T11_R_09

Q	I'll have to run some errands during lunchtime. The lunch break will be at the same time on both days, right?	점심시간 동안 부탁 받은 일을 좀 해야 하는데요. 점심시간은 컨퍼런스가 열리는 양일간 동일한 거죠?
A	Unfortunately, it won't. The lunch break on the first day is scheduled for 12 P.M. But it is at 12:30 P.M. on the second day.	안타깝게도, 그렇지 않습니다. 컨퍼런스 첫째 날은 점심 식사 시간이 정오부터지만, 둘째 날에는 12시 30분부터로 예정되어 있습니다.

📣 고득점 노하우

• Unfortunately 대신 Actually로 답변을 시작할 수도 있습니다.
• 'on the first day'를 문장 맨 마지막에 말할 수도 있습니다.

Q10

🎧 T11_R_10

Q	I attended some of Rebecca Stern's presentations at last year's conference, and I really enjoyed them. Could you give me all the details about the sessions that Rebecca Stern is leading?	지난해 컨퍼런스 때에도 레베카 스턴 씨의 발표회에 참석했었는데, 정말 좋았습니다. 레베카 스턴 씨가 진행하는 회의에 대해서 자세히 전부 알려주시겠습니까?
A	Sure, Rebecca Stern will lead two sessions. She will give a lecture on product placement on April 12th at 10 A.M. And she will lead a workshop on online marketing on April 13th at 2 P.M.	그러죠. 레베카 스턴 씨가 주재하는 일정은 두 차례로 예정되어 있습니다. 4월 12일 오전 10시부터 PPL 광고에 대한 강연을 해주실 겁니다. 그리고 4월 13일 오후 2시에는 온라인 마케팅 워크숍을 주재하실 예정입니다.

📣 고득점 노하우

• 1박 2일짜리 일정과 관련된 9번 문제에서는 보통 양일에 공통적으로 등장하는 항목(예, 발표자)에 대한 세부 정보를 요청합니다. 일정표를 확인하는 45초 동안 이를 대략적으로 파악해두면 더 수월하게 답할 수 있습니다.

Q11 가정: 온라인 주문 서비스 이용

Some people have the opportunity to shop for groceries online and have the groceries delivered to their homes. Would you consider using this kind of service? Why or why not? Give reasons or examples to support your opinion.	어떤 이들은 온라인으로 장을 보고 주문한 물건들을 집으로 배달시킵니다. 당신도 그런 온라인 주문 배달 서비스를 이용할 의향이 있으신가요? 그 이유는 무엇인가요? 본인의 의견을 뒷받침하는 근거나 사례를 제시하세요.

어휘 | grocery 식료품

ANSWER

🎧 T11_R_11

입장 문장	**I would** consider using this kind of service—in fact, I do use it all the time.	저도 그런 서비스를 이용할 의향이 있어요. 실은, 아주 자주 이용하는 편이죠.
이유	The main reason is that if I use a delivery service, I don't have to carry heavy groceries myself.	가장 큰 이유는, 배달 서비스를 이용하면 무거운 식료품을 직접 들고 오지 않아도 되기 때문이에요.
예시	**About** 5 **years ago**, most of the supermarkets didn't provide a delivery service. So, it was very inconvenient to carry heavy groceries such as rice or water. **But nowadays**, all of the supermarkets provide a delivery service for free and I can choose the delivery time. And shopping online is a lot quicker than walking around the grocery store choosing items. Thanks to this service, I can save time shopping and don't have to carry heavy groceries.	5년 전쯤만 해도, 배달을 해주는 슈퍼마켓이 거의 없었어요. 그래서 쌀이나 생수 같은 무거운 식료품들을 들고 와야 하는 게 아주 불편했었죠. 하지만 요즘에는, 모든 마트가 무료로 배달을 해주고, 배달 시간도 제가 지정할 수 있어요. 그리고 식료품 매장을 직접 돌아다니며 장을 보는 것보다 온라인으로 쇼핑을 하는 편이 훨씬 빠르죠. 이런 서비스 덕분에 장보는 시간도 절약되고 무거운 식료품들을 들고 다닐 필요도 없게 되었습니다.
결론	**That's why** I use this kind of service.	그것이 바로 제가 이런 서비스를 이용하는 이유입니다.

어휘 | inconvenient 불편한, 곤란한

🔊 **고득점 노하우**

• 특정 상황을 가정하는 문제이더라도, 현재 본인에게 해당되는 상황이라면 'In fact'와 현재시제로 답변을 시작해도 좋습니다.

• 다음의 답변 키워드를 이용해서 다시 한 번 답변해보세요.
  입장: 이용할 의향이 없음
  이유: 배송 중에 상품이 손상될 수 있음 (be damaged, during the delivery)
  예시: ① 약 6개월 전, 식료품 쇼핑 후에 배송 서비스를 이용했다 (about 6 months ago)
  　　② 그런데 배송 중에 대다수의 계란이 깨졌다 (most of the eggs, broken)
  　　③ 그래서 나는 교환 받을 때까지 기다려야 했다 (wait, replacement)

모범 답변 및
고득점 노하우

12

Q1 라디오 방송

🎧 T12_R_01

Good **evening**!\ // You're **listening** to **Travel Music Radio**, / **broadcasting** on the **air** / and **streaming live** on the **Internet**.\ // **Tonight**, / I'll be **playing** a **variety** of **music** / from **all** over the **globe**.\ // The **selections** will **include** **jazz**,↗ **pop**,↗ and **rock songs**.\ // In **addition**, / I'll be **offering free passes** to **next** week's **Community Music Festival**, / so **keep listening**!\

안녕하십니까! 지상파와 인터넷에서 실시간 스트리밍으로 동시에 방송되는 트래블 뮤직 라디오입니다. 오늘 밤에는 세계 각지의 음악을 다양하게 들려드리겠습니다. 재즈와 팝, 록 음악에 이르기까지 다양한 선곡을 했습니다. 덧붙여, 다음 주의 커뮤니티 음악 축제 무료 입장권을 증정해 드릴 예정이오니, 계속 청취해 주시기 바랍니다!

어휘 | **broadcasting on the air** 지상파로 전파를 송출해 방송하는 **streaming live on the Internet** 인터넷에서 실시간 스트리밍 솔루션으로 방송하는 **free pass** 무료 입장권 **in addition** 게다가, 그밖에

📢 **고득점 노하우**
- 접속사 and 앞에서 끊어 읽어주세요.
- f와 p가 연속으로 나오는 offering free passes의 발음에 유의하세요.
- passes의 발음에 유의하세요. s를 두 번 발음해서 '시즈'와 유사한 소리가 나야 합니다.
- community의 발음에 유의하세요. 두 번째 음절인 'mu'에 강세가 옵니다.

Q2 일기 예보

🎧 T12_R_02

As we **transition** into **spring**,↗ **expect plenty** of **variety** / in the **weekly forecast**.\ // **Area residents** will **see** a **combination** of **rain**,↗ **snow**,↗ and **sun this week**.\ // As **spring storms pass** through our **area**, / **temperatures** will be a bit **higher** than **average**.\ // By **Friday**,↗ we can **finally enjoy** some **clear skies**.\

봄철로 접어들면서, 주중의 날씨가 상당히 다양할 전망입니다. 이번 주는 비나 눈이 내리거나 해가 나기도 하는 복합적인 지역 기상 상황이 예상됩니다. 봄 폭풍이 우리 지역을 통과하면서, 기온은 평년보다 다소 높아지겠습니다. 금요일부터는 어느 정도 맑은 날씨를 맞을 수 있을 것으로 보입니다.

어휘 | **transition** 변천하다 **resident** 거주자[주민] **combination** 조합[복합] **a bit** 약간

📢 **고득점 노하우**
- combination의 발음에 유의하세요. 세 번째 음절 'na'에 강세가 옵니다.
- '이번'의 의미를 강조하는 this에는 강세가 옵니다.
- average를 발음할 때 '-레이지'처럼 발음하지 않도록 유의하세요. '-리지'로 발음됩니다.
- 부사 finally에는 항상 강세가 옵니다.

TEST 12

Q3 여러 사람이 등장하는 사진

🔮 브레인스토밍

장소: taken in a café   카페에서 찍은

주요 대상: a woman, handing over a credit card   여자, 신용카드를 건네는

           a café employee, giving a cup of coffee   카페 직원, 커피 한 잔을 건네는

주변 대상: two other women, standing in line   두 여자, 줄을 서 있는

           one of the women, looking for something in her bag   그중 한 여자, 가방을 뒤져보는

ANSWER

🎧 T12_R_03

사진 소개	**I think this picture was taken** in a café. **There are** four people **in this picture**.	이 사진은 카페에서 찍은 것으로 보입니다. 네 명의 사람들이 있습니다.
주요 대상	**In the middle of the picture**, a woman in a black jacket is handing over a credit card to a café employee. And the employee is giving a cup of coffee to the woman.	사진 가운데에는 검은색 재킷 차림의 여인이 카페 직원에게 신용카드를 건네고 있습니다. 그리고 직원은 그 여인에게 커피를 건네려고 하는 중입니다.
주변 대상 및 느낌	**On the right side of the picture,** two other women are standing in line. One of the women is looking for something in her bag. The other woman is looking at the café employee.	사진 오른쪽에는, 다른 여자 두 명이 줄을 서서 기다리고 있습니다. 그중 한 명은 무언가를 찾는지 핸드백을 뒤지고 있으며, 다른 한 명은 카페 직원을 쳐다보고 있습니다.

📣 고득점 노하우

• café의 발음에 유의하세요. '캬' 소리로 시작해서 짧은 '이' 소리로 끝납니다. 음성 파일을 반복해서 들어보면서 발음을 따라해보세요.

• 동작과 인상착의를 함께 묘사할 때는 사람 뒤에 in 혹은 wearing을 사용해주세요. (S + in/wearing a black jacket + V)

• '커피 한 잔'은 a cup of coffee라고 말해주세요.

Q4 두 사람이 등장하는 사진

🎙️ 브레인스토밍

장소: in a park 공원에서

주요 대상: holding hands 손을 잡고 있는

has a green backpack on his shoulder 어깨에 녹색 배낭을 메고 있는

walking outdoors on a path 야외에서 길을 따라 걷고 있는

going for a hike 하이킹을 하러 가는

looking at something that is not in the picture 사진에 없는 무언가를 보고 있는

ANSWER

사진소개	**There are** two people. **I think** it is a boy and his father.	사진에 두 사람이 있습니다. 나는 그것이 소년과 그의 아버지라고 생각합니다.
주요대상	They are holding hands. The boy is wearing a jacket and jeans. The man is also wearing blue jeans. He has a green backpack on his shoulder. They are walking outdoors on a path. I think they are going for a hike. **I can see that** the man is looking at something that is not in the picture.	그들은 손을 잡고 있습니다. 소년은 재킷과 청바지를 입고 있습니다. 또한 남자도 청바지를 입고 있습니다. 그는 어깨에 녹색 배낭을 메고 있습니다. 그들은 야외에서 길을 따라 걷고 있습니다. 그들은 하이킹을 하러 가는 것 같습니다. 남자는 사진에 없는 무언가를 보고 있다고 생각합니다.

📢 고득점 노하우

• 인물 수가 적고 주변부 대상으로 언급할 만한 사물이 많지 않으면 인물 위주로 상세히 설명하세요.

• 가방을 메고 있을 때는 동사 wear 대신에 has를 사용해주세요.

• '야외에, 바깥에'라는 의미의 부사는 outdoors입니다. 뒤에 꼭 s를 붙여주세요.

TEST 12

Q5~Q7 거주지 관련 설문 조사

🔊 Imagine that a property developer is planning to build a new apartment building in your area. You have agreed to participate in an interview about apartments.

부동산 개발업자가 당신이 거주하는 지역에 아파트를 신축할 예정이라고 가정해 보세요. 당신은 아파트와 관련한 인터뷰에 응하기로 했습니다.

Q5
🎧 T12_R_05

Q	Do you live in an apartment or a house, and have you lived there for a long time?	당신이 살고 있는 집은 아파트와 단독주택 중 어느 쪽인가요? 그 집에서 오래 거주하셨습니까?
A	I live in an apartment and I have lived there since I was a high school student.	저희 집은 아파트이고 고등학생 때부터 그 집에서 살았습니다.

📢 **고득점 노하우**
• 현재완료(have+p.p.)는 접속사 since와 함께 사용되는 경우가 많습니다. since 뒤의 동사는 과거시제를 사용해 주어야 합니다.

Q6
🎧 T12_R_06

Q	How many different homes have you lived in, and do you plan on moving again in the future?	당신은 지금껏 이사를 몇 번이나 했으며, 앞으로도 또 이사를 할 계획이 있습니까?
A	I have lived in three different homes and I plan on moving again in the future. It's because I'll look for a job in a big city when I graduate from my university.	지금껏 세 곳에서 살았는데, 앞으로 또 이사할 계획이 있습니다. 대학을 졸업하면 대도시에 나가 직장을 구할 생각이거든요.

📢 **고득점 노하우**
• 질문에는 Why?가 없지만 맥락상 이유를 추가로 설명해 주면 고득점에 도움이 됩니다.

Q7
🎧 T12_R_07

Q	If you were looking for a new apartment to live in, which of the following would be most important to you? Why? • The size of the apartment • Whether pets are allowed • Where the building is located	당신이 새로 아파트를 구하려 한다면, 다음 중 가장 중요한 것은 무엇인가요? 또한 그 이유는 무엇인가요? • 아파트 크기 • 애완동물을 기를 수 있는지 여부 • 아파트 위치 조건
A	The size of the apartment would be most important to me. First of all, I have a lot of books. So, I need enough space in my apartment to store them. Second, if the apartment is big, my parents can stay with me when they visit instead of having to get a hotel room. Therefore, the size of the apartment would be most important to me.	저한테는 아파트 크기가 가장 중요합니다. 첫째로, 저는 책이 아주 많습니다. 그래서 집에 제 책들을 보관할 만한 넓은 공간이 필요하죠. 둘째로, 아파트가 넓으면 부모님이 찾아오셨을 때 호텔에 가실 필요 없이 제 집에서 주무실 수 있죠. 따라서, 저에게는 아파트 크기가 가장 중요합니다.

📢 **고득점 노하우**
• 가정하는 상황이지만 실제 개인의 사례를 들면 더 쉽게 답변을 만들 수 있습니다.
• 두 번째 아이디어에서 동사 get 대신 '예약하다'의 의미를 갖는 book을 사용할 수도 있습니다.

Q8~Q10 이력서

Sebastian Lind

2231 East Worley Avenue
Altavista, Virginia 24517

Phone:434-555-0158
E-mail: SLind@lobsonhotel.com

Position Desired:	Manager at the Light House Hotel
Education:	Bachelor's Degree: Hotel Management, Feeny University (2012) Associate's Degree: Accounting, Balton Community College (2008)
Employment:	Assistant Manager: The Lobson Hotel, New York (2012-Present) Accountant: Grill Point Restaurant, Ohio (2008-2010)
Additional Qualifications:	Certification in Financial Management Native-speaker fluency in Spanish
References:	Available upon request

서배스천 린드

이스트 월리 애비뉴 2231번지
알타비스타, 버지니아주 24517

전화: 434-555-0158
이메일: SLind@lobsonhotel.com

희망 직위	라이트 하우스 호텔 총지배인
학력	학사 학위 취득: 호텔 경영학, 피니 대학교 (2012년) 준학사 학위 취득: 회계학, 볼튼 커뮤니티 칼리지 (2008년)
경력	뉴욕 롭슨 호텔 부지배인 (2012년-현재) 오하이오 그릴 포인트 레스토랑 회계 담당자 (2008-2010년)
기타 자격/능력	재무관리 자격증 원어민 수준의 스페인어 구사
추천서	요청 시 제출 가능

어휘 | qualification 자격, 자질, 능력 fluency (외국어 실력의) 유창성, 능숙도 reference 추천서; 추천인, 신원 보증인

 Hi. I'm going to be interviewing Sebastian Lind for the manager position in a few minutes, but I don't have his résumé with me. I was hoping you could help me.

안녕하세요. 조금 있다가 총지배인 후보자인 서배스천 린드 씨와 면접을 할 예정인데, 그분의 이력서가 제게 없습니다. 좀 도와주셨으면 좋겠습니다.

TEST 12

Q8

Q Where did he earn his bachelor's degree, and in what year did he receive it?	린드 씨는 학사 학위를 어느 대학에서, 그리고 몇 연도에 취득했습니까?
A He received a bachelor's degree at Feeny University in 2012.	그는 피니 대학교에서 2012년에 학사 학위를 취득했습니다.

📢 고득점 노하우

• 다음의 구문을 활용해서 학력에 관련된 전체 항목을 설명해주세요.

주어 + earned / received + 학위의 종류 (+ in 전공 이름) + at 학교 이름 + in 졸업 연도

Q9

Q We have many international guests at the hotel, so we are looking for people who speak languages other than English. Is there any indication on Mr. Lind's résumé that he has knowledge of other languages?	우리 호텔에는 외국 손님들이 많이 오시기 때문에, 영어 외에 다른 외국어를 할 수 있는 분을 구하고 있습니다. 린드 씨의 이력서에 기타 외국어 능력에 대한 언급이 혹시 있습니까?
A Yes—his résumé indicates that he is fluent in Spanish.	그렇습니다. 이력서에 따르면, 린드 씨는 스페인어가 유창하다고 합니다.

📢 고득점 노하우

• I think he is a suitable applicant/candidate, because ~ 문장을 이용해서 답변을 구성할 수도 있습니다.
• 이력서 관련 문제에서는 지원자가 업무에 적합한 인물인지를 묻는 유형이 8번 문제로 자주 출제됩니다. 적합 여부와 그 이유를 꼭 설명해주세요.

Q10

Q Will you please give me all the details about his employment?	린드 씨의 근무 경력에 대해 자세히 전부 말씀해 주시겠습니까?
A He has two different kinds of work experience. First, he worked at Grill Point Restaurant in Ohio as an accountant from 2008 to 2010. And then, he has been working at the Lobson Hotel in New York as an assistant manager since 2012.	린드 씨는 두 직종의 경력 사항이 있습니다. 우선, 오하이오의 그릴 포인트 레스토랑에서 2008년부터 2010년까지 회계 담당자로 일했다고 합니다. 그리고 그 이후 2012년부터는, 뉴욕의 롭슨 호텔에서 부지배인으로 근무해오고 있다고 합니다.

📢 고득점 노하우

• 다음의 구문을 활용해서 직장 근무 경력에 관련된 전체 항목을 설명해주세요.

  1. 과거의 경력: 주어 + worked + at 회사 + as 직급 + from (연도) to (연도)
  2. 현재의 경력: 주어 + has been working + at 회사 + as 직급 + since (근무 시작 연도)

Q11 찬반: 여가 활용 방법으로서의 독서

Some people believe that reading is the best way to spend free time. Do you agree with this opinion? Why or why not? Give reasons or examples to support your opinion.	어떤 이들은 독서가 여가를 활용하는 가장 좋은 방법이라고 생각합니다. 당신은 이런 생각에 찬성하시나요? 그렇게 생각하는 이유는 무엇인가요? 본인의 의견을 뒷받침할 수 있는 근거나 사례를 제시하세요.

ANSWER

입장	**I disagree that** reading is the best way to spend free time.	저는 여가를 활용하는 최선의 방법이 독서라는 의견에 동의하지 않습니다.
이유	**That's because** there are people like me who think reading is a boring way to spend free time.	왜냐하면 여가시간에 책이나 읽고 있는 것은 너무 따분하다고 여기는 저 같은 사람들이 분명 있기 때문이죠.
예시	**About** three **years ago**, I went on a vacation to a small island. At that time, I wanted to relax in a quiet atmosphere. I brought some famous novels to read during my free time on the beach. However, I didn't read very much. I found that I enjoyed playing games and visiting with other people instead. Reading is something that you do by yourself, but people like me like to be social and spend time with other people. **So, I think** there are a lot of other activities that are more fun and interesting than reading.	약 3년 전에, 저는 작은 섬으로 휴가 여행을 갔습니다. 그때 저는 조용한 곳에서 편히 쉬고 싶었죠. 그래서 바닷가에서 여가를 즐기면서 읽으려고 유명한 소설 몇 권을 가져갔죠. 하지만, 별로 많이 읽지는 못했습니다. 그보다는 게임을 하고 다른 사람들과 어울리는 게 즐겁다는 걸 깨달았죠. 독서라는 건 혼자 하는 일이지만, 저 같은 사람들은 사교적으로 다른 이들과 함께 어울려 시간을 보내길 좋아합니다. 그래서 독서보다 훨씬 즐겁고 신나는 다른 활동들이 아주 많다고 생각합니다.
결론	**For this reason, I disagree that** reading is the best way to spend free time.	그런 이유로, 저는 독서가 여가 활용의 최선책이라는 의견에 동의하지 않습니다.

어휘 | atmosphere 분위기, 환경 social 사교적인

✒ 고득점 노하우

• 문장의 길이와 개수를 줄이더라도 기승전결을 갖춘 경험담을 예시로 설명하면 고득점을 받을 수 있습니다. At that time, However, But then, As a result와 같은 연결어를 사용하여 문장을 차근차근 이어가는 연습을 해보세요.

• 다음의 답변 키워드를 이용해서 다시 한 번 답변해보세요.
   입장: 찬성
   이유: 시간과 장소에 상관없이 책을 읽을 수 있다 (regardless of time or place)
   예시: ① 나는 여가시간에 책을 읽는 것을 좋아한다 (in my free time)
         ② 나는 주말에 카페에서 책을 읽거나 늦은 밤에 지하철에서 책을 읽을 수도 있다
            (in a café, on weekends, on the subway, late at night)
         ③ 또한, 나는 삶에 유용한 지식을 배울 수 있다 (useful knowledge for life)

기출문제 한국 독점출간

토익® 스피킹 기출문제집

최신개정 12회 | 2022년 6월 개정 시험 반영

Speaking

문제집

YBM

ETS. TOEIC.

토익 스피킹
기출문제집

최신개정 12회

문제집

온라인 실전테스트 활용법

▶ 온라인 실전테스트 www.ybmbooks.com

ETS의 TOEIC Speaking Test와 100% 동일한 환경에서 12회분 모두 온라인 실전테스트로 연습할 수 있습니다. 인터넷 접속 환경에서 가능하며 크롬(Chrome), 사파리(Safari), 파이어폭스(FireFox) 웹 브라우저를 이용해 위 웹사이트에서 이 교재를 검색하여 도서 소개 부분에 있는 링크를 클릭해 들어가세요. 본인이 녹음한 답변은 웹 테스트를 마친 후 다시 들어 볼 수 있으며, 웹 브라우저를 닫으면 저장되지 않고 사라집니다. 마이크가 장착된 헤드셋 준비하시는 것 잊지 마세요.

1 온라인 실전테스트 인증

테스트를 시작하려면 인증 절차를 거쳐야 합니다. 왼쪽 과 같은 초기 화면에서 START 버튼을 클릭하시고 몇 페이지 몇 행의 어떤 단어를 입력해 넣으라는 메시지에 따라 해당 단어를 타이핑하세요. 인증 후 테스트를 시작할 수 있습니다.

2 Home 화면, 실전테스트 시작하기

총 12회분의 실전테스트가 준비되어 있습니다. 원하는 테스트 번호를 클릭하여 들어가면 시험을 시작할 수 있습니다. 시험 후 Home 버튼을 누르고 이 페이지 하단의 '답변 듣기' 버튼을 누르시면 녹음된 본인 답변을 들으실 수 있습니다.

※ 인터넷 접속 환경에서 가능합니다. 책 발행 시점부터 5년까지 온라인 테스트를 이용할 수 있습니다. 스마트폰으로는 이용할 수 없고, 컴퓨터로만 이용 가능합니다.

3 헤드셋 및 마이크 점검

본격적으로 테스트가 시작되기 전에 헤드셋 점검을 합니다. 사운드가 잘 들리는지, 마이크가 제대로 작동 하는지, 본인의 목소리가 녹음되는지 확인하세요.

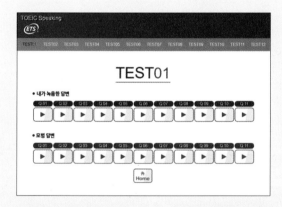

4 테스트 후 녹음 확인

테스트가 다 끝난 후에는 Home 화면 하단 '답변 듣 기' 버튼을 누르시면 녹음된 본인의 답변을 확인할 수 있습니다. 더불어 ETS가 제공한 모범 답변도 들을 수 있습니다.

5 온라인 테스트 관련 문의

온라인 테스트가 기술적인 문제로 잘 작동하지 않을 시 초기 화면의 우측 상단에 있는 'Q & A' 버튼을 눌 러 성함과 연락처를 남겨 주시고 문제점을 작성해 주세요.

01

Speaking Test Directions

This is the TOEIC Speaking Test. This test includes eleven questions that measure different aspects of your speaking ability. The test lasts approximately 20 minutes.

Question	Task	Evaluation Criteria
1-2	Read a text aloud	• pronunciation • intonation and stress
3-4	Describe a picture	all of the above, plus • grammar • vocabulary • cohesion
5-7	Respond to questions	all of the above, plus • relevance of content • completeness of content
8-10	Respond to questions using information provided	all of the above
11	Express an opinion	all of the above

For each type of question, you will be given specific directions, including the time allowed for preparation and speaking.

It is to your advantage to say as much as you can in the time allowed. It is also important that you speak clearly and that you answer each question according to the directions.

Click on **Continue** to go on.

Questions 1-2: Read a text aloud

Directions : In this part of the test, you will read aloud the text on the screen. You will have 45 seconds to prepare. Then you will have 45 seconds to read the text aloud.

Good evening and welcome to our performance. On behalf of the Woodson Dance Company, I'd like to thank you for supporting the arts. Tonight's program will feature the folk music, traditional costumes, and visual art of the Caribbean. Because this is the final show of our season, there will be a reception in the lobby after our program.

PREPARATION TIME	RESPONSE TIME
00:00:45	00:00:45

Are you looking for accommodations in Stanton Beach for your summer vacation? During the months of June, July, and August, hotel prices can be extremely high. But Bondwell Rentals offers furnished houses and apartments for large groups at very reasonable prices. And all of our properties are just steps away from the ocean! To learn more, contact our office today!

PREPARATION TIME	RESPONSE TIME
00:00:45	00:00:45

Questions 3-4: Describe a picture

Directions : In this part of the test, you will describe the picture on your screen in as much detail as you can. You will have 45 seconds to prepare your response. Then you will have 30 seconds to speak about the picture.

PREPARATION TIME	RESPONSE TIME
00:00:45	00:00:30

PREPARATION TIME	RESPONSE TIME
00:00:45	00:00:30

Questions 5-7: Respond to questions

Directions : In this part of the test, you will answer three questions. You will have three seconds to prepare after you hear each question. You will have 15 seconds to respond to Questions 5 and 6 and 30 seconds to respond to Question 7.

Imagine that an English-language technology magazine is doing research in your area. You have agreed to participate in a telephone interview about mobile applications, or apps. Apps are computer programs designed to be used on devices like tablets or mobile phones.

Imagine that an English-language technology magazine is doing research in your area. You have agreed to participate in a telephone interview about mobile applications, or apps. Apps are computer programs designed to be used on devices like tablets or mobile phones.

Do you use mobile apps regularly? Why or why not?

PREPARATION TIME	RESPONSE TIME
00:00:03	00:00:15

Imagine that an English-language technology magazine is doing research in your area. You have agreed to participate in a telephone interview about mobile applications, or apps. Apps are computer programs designed to be used on devices like tablets or mobile phones.

If you wanted to purchase an app, would you be more likely to buy an app for learning or for entertainment? Why?

PREPARATION TIME	RESPONSE TIME
00:00:03	00:00:15

Imagine that an English-language technology magazine is doing research in your area. You have agreed to participate in a telephone interview about mobile applications, or apps. Apps are computer programs designed to be used on devices like tablets or mobile phones.

If you wanted to purchase an app, which of the following would most influence your decision? Why?

- A friend's recommendation
- Advertisements for the app
- The popularity of the app

PREPARATION TIME	RESPONSE TIME
00:00:03	00:00:30

Questions 8-10: Respond to questions using information provided

Directions : In this part of the test, you will answer three questions based on the information provided. You will have 45 seconds to read the information before the questions begin. You will have three seconds to prepare and 15 seconds to respond to Questions 8 and 9. You will hear Question 10 two times. You will have three seconds to prepare and 30 seconds to respond to Question 10.

Historical Education Museum

August Event Schedule

Date	Time	Event
August 2	10:00–11:00 A.M.	Presentation: Ancient Chinese Architecture
August 5	Noon–1:30 P.M.	Lecture: Early Farming Practices
August 9	1:00–2:00 P.M.	Behind-the-Scenes Museum Tour
August 10	1:00–2:00 P.M.	Behind-the-Scenes Museum Tour
August 12	9:30–11:30 A.M.	History Trivia (register by August 9)
August 20	3:00–4:30 P.M.	Fun with Fossils
August 27	1:00–7:00 P.M.	Food History Festival

PREPARATION TIME
00:00:45

PREPARATION TIME	PREPARATION TIME	PREPARATION TIME
00:00:03	00:00:03	00:00:03

RESPONSE TIME	RESPONSE TIME	RESPONSE TIME
00:00:15	00:00:15	00:00:30

Question 11: Express an opinion

Directions : In this part of the test, you will give your opinion about a specific topic. Be sure to say as much as you can in the time allowed. You will have 45 seconds to prepare. Then you will have 60 seconds to speak.

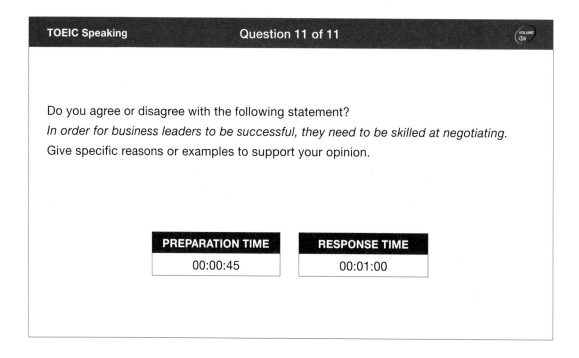

TOEIC Speaking   Question 11 of 11

Do you agree or disagree with the following statement?
In order for business leaders to be successful, they need to be skilled at negotiating.
Give specific reasons or examples to support your opinion.

PREPARATION TIME	RESPONSE TIME
00:00:45	00:01:00

Questions 1-2: Read a text aloud

Directions : In this part of the test, you will read aloud the text on the screen. You will have 45 seconds to prepare. Then you will have 45 seconds to read the text aloud.

In weather news this week, the Cooperstown area is going to get significantly cooler. After having such a hot and humid August, it will be a nice change to see some lower temperatures. Expect cool breezes, cloudy skies, and occasional rain showers.

PREPARATION TIME	RESPONSE TIME
00:00:45	00:00:45

When we return from the commercial break, I'll be talking with Maria Gonzalez about the housing market. As an experienced real estate agent, Maria has seen nearly every situation you may encounter. She'll be sharing her best tips for renters, sellers, and buyers. Stay tuned. We'll be right back!

PREPARATION TIME	RESPONSE TIME
00:00:45	00:00:45

Questions 3-4: Describe a picture

Directions : In this part of the test, you will describe the picture on your screen in as much detail as you can. You will have 45 seconds to prepare your response. Then you will have 30 seconds to speak about the picture.

PREPARATION TIME	RESPONSE TIME
00:00:45	00:00:30

PREPARATION TIME	RESPONSE TIME
00:00:45	00:00:30

Questions 5-7: Respond to questions

Directions : In this part of the test, you will answer three questions. You will have three seconds to prepare after you hear each question. You will have 15 seconds to respond to Questions 5 and 6 and 30 seconds to respond to Question 7.

Imagine that a music distribution company is conducting research in your country. You have agreed to participate in a telephone interview about buying music.

Imagine that a music distribution company is conducting research in your country. You have agreed to participate in a telephone interview about buying music.

Do you purchase music often? Why, or why not?

PREPARATION TIME	RESPONSE TIME
00:00:03	00:00:15

Imagine that a music distribution company is conducting research in your country. You have agreed to participate in a telephone interview about buying music.

When was the last time you purchased music, and what did you buy?

PREPARATION TIME	RESPONSE TIME
00:00:03	00:00:15

Imagine that a music distribution company is conducting research in your country. You have agreed to participate in a telephone interview about buying music.

When buying music, do you prefer to buy CDs, or do you prefer to download music directly to your computer or phone? Why?

PREPARATION TIME	RESPONSE TIME
00:00:03	00:00:30

Questions 8-10: Respond to questions using information provided

Directions : In this part of the test, you will answer three questions based on the information provided. You will have 45 seconds to read the information before the questions begin. You will have three seconds to prepare and 15 seconds to respond to Questions 8 and 9. You will hear Question 10 two times. You will have three seconds to prepare and 30 seconds to respond to Question 10.

Jasper Law Firm—Annual Retreat Eastley Resort, Conference Room 2 Monday, December 20		
9:00 –10:00 A.M.	Breakfast and Welcome Speech	Paul Jasper, Founder
10:00 A.M.– noon	Competition: Soccer Match (bring sneakers)	
Noon –1:00 P.M.	Lunch	
1:00 –2:00 P.M.	Annual Overview Projects	Sue Lee, Office Manager
2:00 –2:30 P.M.	Free Time	
2:30 –5:00 P.M.	Competition: Trivia Contest (meet in Bremmel Café)	
5:00 –7:00 P.M.	Dinner and Closing Remarks	Jade Olson, Senior Partner

PREPARATION TIME
00:00:45

PREPARATION TIME	PREPARATION TIME	PREPARATION TIME
00:00:03	00:00:03	00:00:03

RESPONSE TIME	RESPONSE TIME	RESPONSE TIME
00:00:15	00:00:15	00:00:30

Question 11: Express an opinion

Directions : In this part of the test, you will give your opinion about a specific topic. Be sure to say as much as you can in the time allowed. You will have 45 seconds to prepare. Then you will have 60 seconds to speak.

What is the best way for a company to improve its sales? Choose ONE of the options provided below, and give reasons or examples to support your opinion.

- By introducing a new product
- By improving its customer service
- By launching an advertising campaign

PREPARATION TIME	RESPONSE TIME
00:00:45	00:01:00

03

Questions 1-2: Read a text aloud

Directions : In this part of the test, you will read aloud the text on the screen. You will have 45 seconds to prepare. Then you will have 45 seconds to read the text aloud.

In local news, officials at City Hall have commissioned several sculptures to be displayed in Mason Park. The sculptures will be located near the basketball, tennis, and handball courts. Because the works are being created outdoors, the general public is welcome to come by and take photographs.

PREPARATION TIME	RESPONSE TIME
00:00:45	00:00:45

You have reached Benny's Shoe Store. Unfortunately, no one is available to take your call at this time. For information about our hours, location, and special discounts, please visit our Web site. If you would like to communicate with a store associate, please press "one" and leave a detailed message. An available associate will contact you shortly.

PREPARATION TIME	RESPONSE TIME
00:00:45	00:00:45

Questions 3-4: Describe a picture

Directions : In this part of the test, you will describe the picture on your screen in as much detail as you can. You will have 45 seconds to prepare your response. Then you will have 30 seconds to speak about the picture.

PREPARATION TIME	RESPONSE TIME
00:00:45	00:00:30

PREPARATION TIME	RESPONSE TIME
00:00:45	00:00:30

Questions 5-7: Respond to questions

Directions : In this part of the test, you will answer three questions. You will have three seconds to prepare after you hear each question. You will have 15 seconds to respond to Questions 5 and 6 and 30 seconds to respond to Question 7.

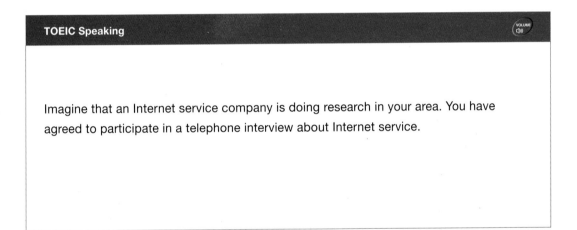

TOEIC Speaking

Imagine that an Internet service company is doing research in your area. You have agreed to participate in a telephone interview about Internet service.

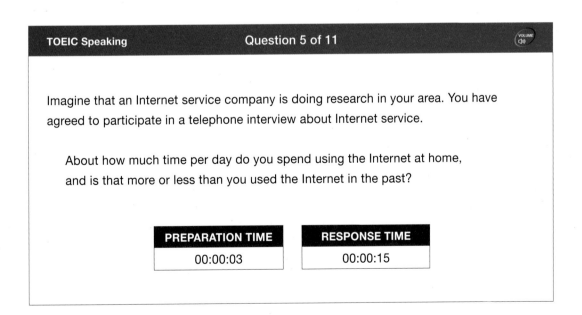

TOEIC Speaking   Question 5 of 11

Imagine that an Internet service company is doing research in your area. You have agreed to participate in a telephone interview about Internet service.

About how much time per day do you spend using the Internet at home, and is that more or less than you used the Internet in the past?

PREPARATION TIME	RESPONSE TIME
00:00:03	00:00:15

Imagine that an Internet service company is doing research in your area. You have agreed to participate in a telephone interview about Internet service.

When was the last time you had to find a new Internet service provider, and were there many companies to choose from?

PREPARATION TIME	RESPONSE TIME
00:00:03	00:00:15

Imagine that an Internet service company is doing research in your area. You have agreed to participate in a telephone interview about Internet service.

Are you satisfied with your current Internet service provider? Why or why not?

PREPARATION TIME	RESPONSE TIME
00:00:03	00:00:30

Questions 8-10: Respond to questions using information provided

Directions : In this part of the test, you will answer three questions based on the information provided. You will have 45 seconds to read the information before the questions begin. You will have three seconds to prepare and 15 seconds to respond to Questions 8 and 9. You will hear Question 10 two times. You will have three seconds to prepare and 30 seconds to respond to Question 10.

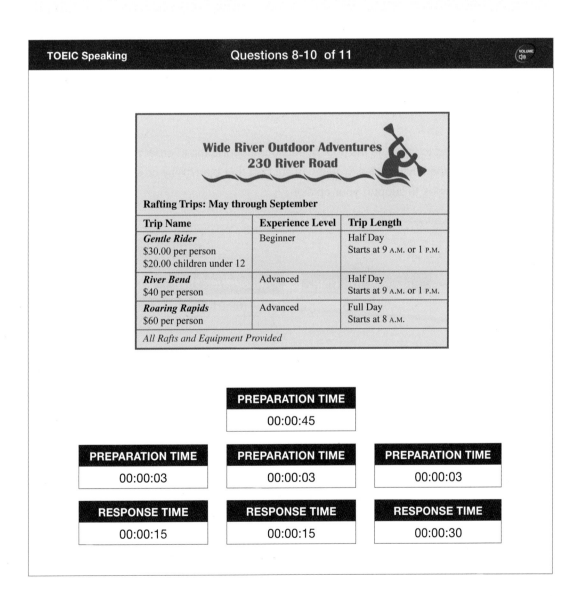

Wide River Outdoor Adventures
230 River Road

Rafting Trips: May through September

Trip Name	Experience Level	Trip Length
Gentle Rider $30.00 per person $20.00 children under 12	Beginner	Half Day Starts at 9 A.M. or 1 P.M.
River Bend $40 per person	Advanced	Half Day Starts at 9 A.M. or 1 P.M.
Roaring Rapids $60 per person	Advanced	Full Day Starts at 8 A.M.
All Rafts and Equipment Provided		

PREPARATION TIME
00:00:45

PREPARATION TIME	PREPARATION TIME	PREPARATION TIME
00:00:03	00:00:03	00:00:03

RESPONSE TIME	RESPONSE TIME	RESPONSE TIME
00:00:15	00:00:15	00:00:30

Question 11: Express an opinion

Directions : In this part of the test, you will give your opinion about a specific topic. Be sure to say as much as you can in the time allowed. You will have 45 seconds to prepare. Then you will have 60 seconds to speak.

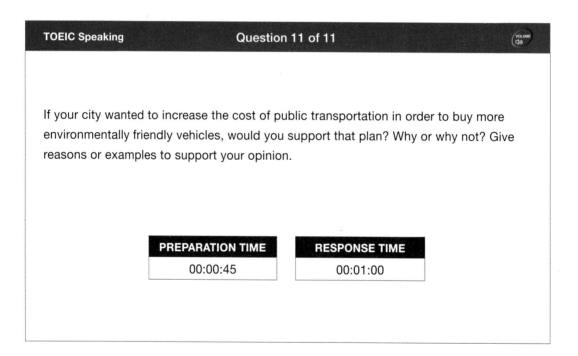

TOEIC Speaking   Question 11 of 11

If your city wanted to increase the cost of public transportation in order to buy more environmentally friendly vehicles, would you support that plan? Why or why not? Give reasons or examples to support your opinion.

PREPARATION TIME	RESPONSE TIME
00:00:45	00:01:00

04

Questions 1-2: Read a text aloud

Directions : In this part of the test, you will read aloud the text on the screen. You will have 45 seconds to prepare. Then you will have 45 seconds to read the text aloud.

Are you looking for fine dining at an affordable price? Stop by Mr. Wu's Chinese Restaurant, located downtown on Main Street. We are famous for our dumplings, noodles, and desserts. For your convenience, our restaurant offers takeout and delivery services!

PREPARATION TIME	RESPONSE TIME
00:00:45	00:00:45

And now for this week's weather forecast. In the Midvale region, we are expecting heavy rain, lower temperatures, and wind from the northwest. Because rainfall last month was much lower than expected, this forecast should be welcome news to our local farmers.

PREPARATION TIME	RESPONSE TIME
00:00:45	00:00:45

Questions 3-4: Describe a picture

Directions : In this part of the test, you will describe the picture on your screen in as much detail as you can. You will have 45 seconds to prepare your response. Then you will have 30 seconds to speak about the picture.

PREPARATION TIME	RESPONSE TIME
00:00:45	00:00:30

PREPARATION TIME	RESPONSE TIME
00:00:45	00:00:30

Questions 5-7: Respond to questions

Directions : In this part of the test, you will answer three questions. You will have three seconds to prepare after you hear each question. You will have 15 seconds to respond to Questions 5 and 6 and 30 seconds to respond to Question 7.

Imagine that a friend is planning to organize a book discussion group in which all members read the same book and then meet to talk about it. You are talking to your friend on the telephone about this type of group.

Imagine that a friend is planning to organize a book discussion group in which all members read the same book and then meet to talk about it. You are talking to your friend on the telephone about this type of group.

Would you ever want to be the leader of a book discussion group? Why or why not?

PREPARATION TIME	RESPONSE TIME
00:00:03	00:00:15

Imagine that a friend is planning to organize a book discussion group in which all members read the same book and then meet to talk about it. You are talking to your friend on the telephone about this type of group.

Do you think a book discussion group should have food and beverages for members at each meeting? Why or why not?

PREPARATION TIME	RESPONSE TIME
00:00:03	00:00:15

Imagine that a friend is planning to organize a book discussion group in which all members read the same book and then meet to talk about it. You are talking to your friend on the telephone about this type of group.

Do you think book discussion groups should read only one kind of book, such as fiction or biography? Why or why not?

PREPARATION TIME	RESPONSE TIME
00:00:03	00:00:30

Questions 8-10: Respond to questions using information provided

Directions : In this part of the test, you will answer three questions based on the information provided. You will have 45 seconds to read the information before the questions begin. You will have three seconds to prepare and 15 seconds to respond to Questions 8 and 9. You will hear Question 10 two times. You will have three seconds to prepare and 30 seconds to respond to Question 10.

Oakhedge City Tours
"See the city in style!"

Tour	Length	Price per Person
Old Town Walking Tour	2 Hours	$30
Museums Tour *Museum tickets provided*	3 Hours	$50
Center City Bus Tour	2 Hours	$30
Architecture Walking Tour *Includes Old City Hall*	2 Hours	$40
Night Bus Tour *Includes dinner at Mario's Restaurant*	4 Hours	$75
Discounts available for groups of 6 or more		

PREPARATION TIME
00:00:45

PREPARATION TIME	PREPARATION TIME	PREPARATION TIME
00:00:03	00:00:03	00:00:03

RESPONSE TIME	RESPONSE TIME	RESPONSE TIME
00:00:15	00:00:15	00:00:30

Question 11: Express an opinion

Directions : In this part of the test, you will give your opinion about a specific topic. Be sure to say as much as you can in the time allowed. You will have 45 seconds to prepare. Then you will have 60 seconds to speak.

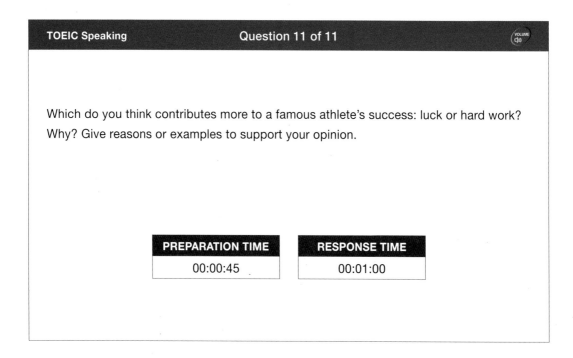

Which do you think contributes more to a famous athlete's success: luck or hard work? Why? Give reasons or examples to support your opinion.

PREPARATION TIME	RESPONSE TIME
00:00:45	00:01:00

05

Questions 1-2: Read a text aloud

Directions : In this part of the test, you will read aloud the text on the screen. You will have 45 seconds to prepare. Then you will have 45 seconds to read the text aloud.

Thank you for attending this press conference. It's my pleasure to present our company's new director, Linda Smith. Ms. Smith will focus on expanding our client base, supporting our employees, and improving our products. Since she has over thirty years' experience in our field, I'm confident she will provide valuable leadership. Now, please welcome Ms. Linda Smith.

PREPARATION TIME	RESPONSE TIME
00:00:45	00:00:45

Are you thinking of taking a trip? Let the team at Travel Smart help you find the best deals on airline tickets, hotel reservations, and tours. For more than thirty years, our agency has been providing personalized service and convenience to travelers. Whether your destination is international or domestic, we can make your trip a success.

PREPARATION TIME	RESPONSE TIME
00:00:45	00:00:45

Questions 3-4: Describe a picture

Directions : In this part of the test, you will describe the picture on your screen in as much detail as you can. You will have 45 seconds to prepare your response. Then you will have 30 seconds to speak about the picture.

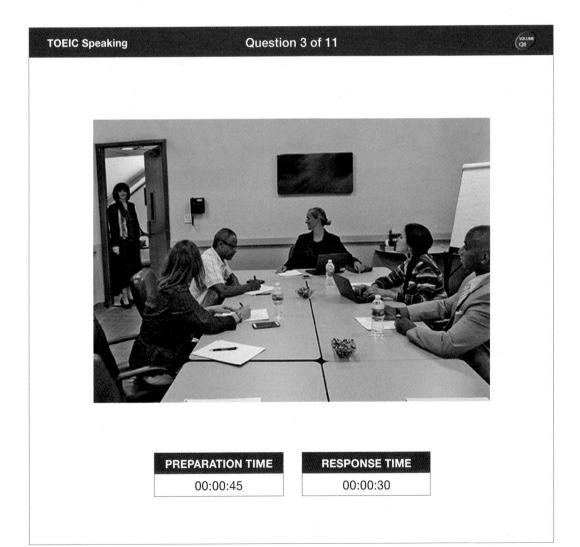

PREPARATION TIME	RESPONSE TIME
00:00:45	00:00:30

PREPARATION TIME	RESPONSE TIME
00:00:45	00:00:30

Questions 5-7: Respond to questions

Directions : In this part of the test, you will answer three questions. You will have three seconds to prepare after you hear each question. You will have 15 seconds to respond to Questions 5 and 6 and 30 seconds to respond to Question 7.

Imagine that a university professor is doing research in your area. You have agreed to participate in a telephone interview about the town where you live.

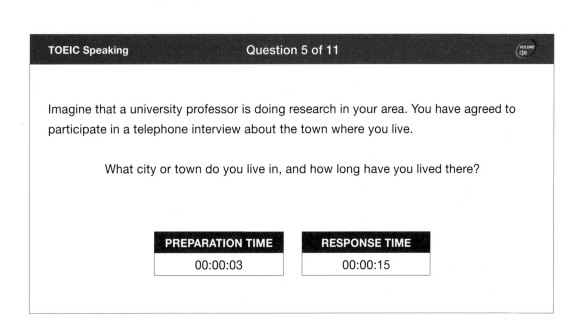

Imagine that a university professor is doing research in your area. You have agreed to participate in a telephone interview about the town where you live.

What city or town do you live in, and how long have you lived there?

PREPARATION TIME	RESPONSE TIME
00:00:03	00:00:15

Imagine that a university professor is doing research in your area. You have agreed to participate in a telephone interview about the town where you live.

What is your favorite place to go in your city or town, and how often do you go there?

PREPARATION TIME	RESPONSE TIME
00:00:03	00:00:15

Imagine that a university professor is doing research in your area. You have agreed to participate in a telephone interview about the town where you live.

Which of the following do you think your city or town needs more of and why?
- Restaurants
- Parks
- Bus routes

PREPARATION TIME	RESPONSE TIME
00:00:03	00:00:30

Questions 8-10: Respond to questions using information provided

Directions : In this part of the test, you will answer three questions based on the information provided. You will have 45 seconds to read the information before the questions begin. You will have three seconds to prepare and 15 seconds to respond to Questions 8 and 9. You will hear Question 10 two times. You will have three seconds to prepare and 30 seconds to respond to Question 10.

	Corporate Retreat
GOLDEN EARTH INDUSTRIES	Royal Conference Center, Oldstown May 19, 9:00 A.M. to 5:00 P.M.

Time	Event	Presenter
9:00-10:00 A.M.	Financial Update	Min Jee Park, President
10:00-11:00 A.M.	Workshop: Marketing New Products	Jeff Neko
11:00 A.M.-noon	Communicating Effectively	Camila Flores
Noon-2:00 P.M.	Picnic Lunch (Provided by Roger's Deli)	
2:00-3:00 P.M.	Team-Building Activities	
3:00-4:00 P.M.	Workshop: Communication Exercises	Yuko Itoh
4:00-5:00 P.M.	Employee Awards	Min Jee Park, President

PREPARATION TIME
00:00:45

PREPARATION TIME	PREPARATION TIME	PREPARATION TIME
00:00:03	00:00:03	00:00:03

RESPONSE TIME	RESPONSE TIME	RESPONSE TIME
00:00:15	00:00:15	00:00:30

Question 11: Express an opinion

Directions : In this part of the test, you will give your opinion about a specific topic. Be sure to say as much as you can in the time allowed. You will have 45 seconds to prepare. Then you will have 60 seconds to speak.

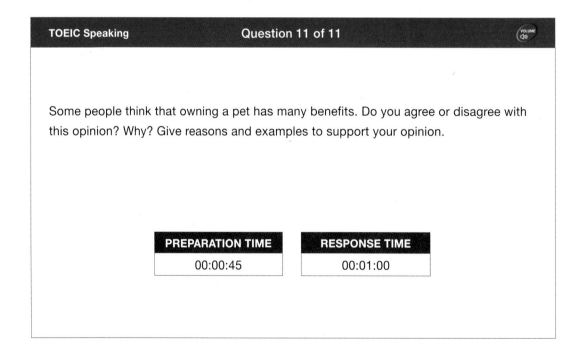

TOEIC Speaking   Question 11 of 11

Some people think that owning a pet has many benefits. Do you agree or disagree with this opinion? Why? Give reasons and examples to support your opinion.

PREPARATION TIME	RESPONSE TIME
00:00:45	00:01:00

Questions 1-2: Read a text aloud

Directions : In this part of the test, you will read aloud the text on the screen. You will have 45 seconds to prepare. Then you will have 45 seconds to read the text aloud.

And now the morning weather report from the City Park weather station! There will be cloudy skies this afternoon. Expect light winds, rainfall, and humidity. The temperature will stay at around fifteen degrees. As we look ahead to tomorrow, the rain will stop by morning. Nevertheless, the humidity will continue through the end of the week.

PREPARATION TIME	RESPONSE TIME
00:00:45	00:00:45

You have reached the Akins Computer School. We offer classes in software design, network administration, and computer repair. Unfortunately, our offices are currently closed. To speak with a staff member, please call back between nine A.M. and five P.M. on any weekday. For detailed information regarding course content and schedules, please visit our Web site.

PREPARATION TIME	RESPONSE TIME
00:00:45	00:00:45

Questions 3-4: Describe a picture

Directions : In this part of the test, you will describe the picture on your screen in as much detail as you can. You will have 45 seconds to prepare your response. Then you will have 30 seconds to speak about the picture.

PREPARATION TIME	RESPONSE TIME
00:00:45	00:00:30

PREPARATION TIME	RESPONSE TIME
00:00:45	00:00:30

Questions 5-7: Respond to questions

Directions : In this part of the test, you will answer three questions. You will have three seconds to prepare after you hear each question. You will have 15 seconds to respond to Questions 5 and 6 and 30 seconds to respond to Question 7.

Imagine that someone wants to open a new bakery in your area. You have agreed to participate in a telephone interview about bakeries.

Imagine that someone wants to open a new bakery in your area. You have agreed to participate in a telephone interview about bakeries.

What is your favorite item to purchase from a bakery, and why do you like it?

PREPARATION TIME	RESPONSE TIME
00:00:03	00:00:15

Imagine that someone wants to open a new bakery in your area. You have agreed to participate in a telephone interview about bakeries.

How far do you normally travel to go to a bakery?

PREPARATION TIME	RESPONSE TIME
00:00:03	00:00:15

Imagine that someone wants to open a new bakery in your area. You have agreed to participate in a telephone interview about bakeries.

What would most influence your decision to visit a new bakery, and why?
- Variety of baked goods available
- Freshness of baked goods
- Helpfulness of employees

PREPARATION TIME	RESPONSE TIME
00:00:03	00:00:30

Questions 8-10: Respond to questions using information provided

Directions : In this part of the test, you will answer three questions based on the information provided. You will have 45 seconds to read the information before the questions begin. You will have three seconds to prepare and 15 seconds to respond to Questions 8 and 9. You will hear Question 10 two times. You will have three seconds to prepare and 30 seconds to respond to Question 10.

Wilsonville Community Center
October Event Schedule

Date	Time	Event	Notes
October 3	5:30 P.M.	Cooking Demonstration	*Mexican cuisine*
October 6	6:00 P.M.	Local History Lecture	*Zelda Weller, Historian*
October 12	8:30 P.M.	Adams String Quartet	
October 14	8:00 P.M.	Poetry Competition	*Performers must register by October 13*
October 17	6:30 P.M.	Teen Arts and Crafts	*Ages 13–17*
October 26	7:30 P.M.	Folk Music Night	

PREPARATION TIME
00:00:45

PREPARATION TIME	PREPARATION TIME	PREPARATION TIME
00:00:03	00:00:03	00:00:03

RESPONSE TIME	RESPONSE TIME	RESPONSE TIME
00:00:15	00:00:15	00:00:30

Question 11: Express an opinion

Directions : In this part of the test, you will give your opinion about a specific topic. Be sure to say as much as you can in the time allowed. You will have 45 seconds to prepare. Then you will have 60 seconds to speak.

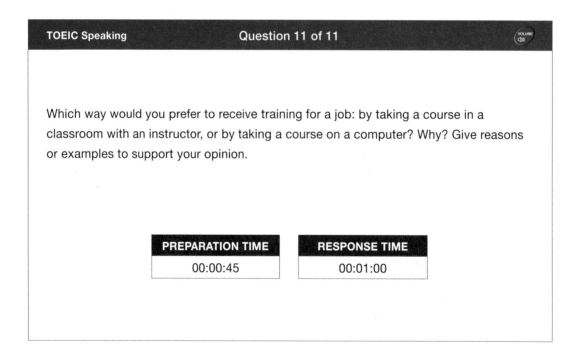

TOEIC Speaking   Question 11 of 11

Which way would you prefer to receive training for a job: by taking a course in a classroom with an instructor, or by taking a course on a computer? Why? Give reasons or examples to support your opinion.

PREPARATION TIME	RESPONSE TIME
00:00:45	00:01:00

07

Questions 1-2: Read a text aloud

Directions : In this part of the test, you will read aloud the text on the screen. You will have 45 seconds to prepare. Then you will have 45 seconds to read the text aloud.

Today on *Smart Cooking*, I'll teach you how to make pasta salad, which is my favorite summertime lunch dish. The ingredients you'll need include one box of pasta, a variety of vegetables, and olive oil. After a commercial break, we will begin by cooking the pasta.

PREPARATION TIME	RESPONSE TIME
00:00:45	00:00:45

Woodhaven Car Wash has been serving the Franklin area for over forty years. Our full exterior service includes handwashing, waxing, and tire cleaning. We also offer several options for cleaning your car's interior. While we work on your vehicle, you can enjoy coffee or tea in our comfortable waiting area. And remember, we're open late for your convenience!

PREPARATION TIME	RESPONSE TIME
00:00:45	00:00:45

Questions 3-4: Describe a picture

Directions : In this part of the test, you will describe the picture on your screen in as much detail as you can. You will have 45 seconds to prepare your response. Then you will have 30 seconds to speak about the picture.

PREPARATION TIME	RESPONSE TIME
00:00:45	00:00:30

PREPARATION TIME	RESPONSE TIME
00:00:45	00:00:30

Questions 5-7: Respond to questions

Directions : In this part of the test, you will answer three questions. You will have three seconds to prepare after you hear each question. You will have 15 seconds to respond to Questions 5 and 6 and 30 seconds to respond to Question 7.

Imagine that a friend is planning to organize a book discussion group in which all members read the same book and then meet to talk about it. You are talking to your friend on the telephone about this type of group.

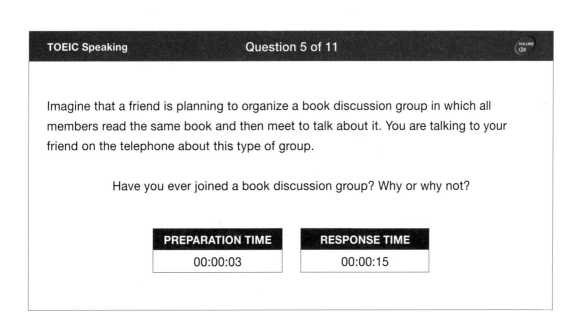

Imagine that a friend is planning to organize a book discussion group in which all members read the same book and then meet to talk about it. You are talking to your friend on the telephone about this type of group.

Have you ever joined a book discussion group? Why or why not?

PREPARATION TIME	RESPONSE TIME
00:00:03	00:00:15

Imagine that a friend is planning to organize a book discussion group in which all members read the same book and then meet to talk about it. You are talking to your friend on the telephone about this type of group.

How often do you think a book discussion group should meet, and why?

PREPARATION TIME	RESPONSE TIME
00:00:03	00:00:15

Imagine that a friend is planning to organize a book discussion group in which all members read the same book and then meet to talk about it. You are talking to your friend on the telephone about this type of group.

If you were leading a book discussion group, how would you decide which book the club should read? Why?

PREPARATION TIME	RESPONSE TIME
00:00:03	00:00:30

Questions 8-10: Respond to questions using information provided

Directions : In this part of the test, you will answer three questions based on the information provided. You will have 45 seconds to read the information before the questions begin. You will have three seconds to prepare and 15 seconds to respond to Questions 8 and 9. You will hear Question 10 two times. You will have three seconds to prepare and 30 seconds to respond to Question 10.

Russo Television Studio

Monthly Staff Meeting
Date and Location: February 19, Staff Lounge

Time	Topic / Session	Speaker
8:00 –8:15 A.M.	Introductions: new staff • Production assistants • Camera operators	*Pete Jones*
8:15 –9:00 A.M.	Latest revisions to filming schedule	*Annie Clark*
9:00 –9:30 A.M.	Updated studio regulations • Rules: visitors and staff • Release forms: getting signatures	*Halvor Nass*
9:30 –10:30 A.M.	Demonstration: new lights and video equipment	*Annie Clark*

PREPARATION TIME
00:00:45

PREPARATION TIME	PREPARATION TIME	PREPARATION TIME
00:00:03	00:00:03	00:00:03

RESPONSE TIME	RESPONSE TIME	RESPONSE TIME
00:00:15	00:00:15	00:00:30

Question 11: Express an opinion

Directions : In this part of the test, you will give your opinion about a specific topic. Be sure to say as much as you can in the time allowed. You will have 45 seconds to prepare. Then you will have 60 seconds to speak.

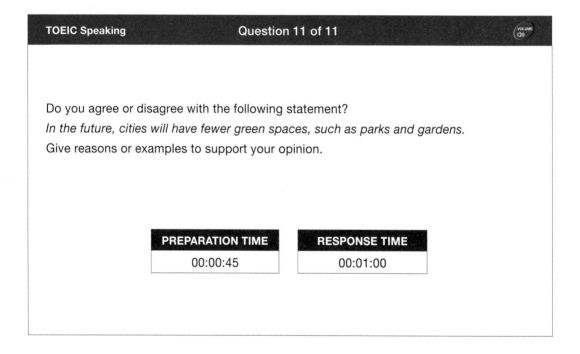

Questions 1-2: Read a text aloud

Directions : In this part of the test, you will read aloud the text on the screen. You will have 45 seconds to prepare. Then you will have 45 seconds to read the text aloud.

Welcome to Dixon National Park! In a couple of minutes, we'll begin our bicycle tour around the park. While biking through the Dixon forest, please remain on the path. The tour should conclude at approximately noon. You'll then have an opportunity to eat, drink, and see the displays at the visitor's center. I hope everyone's excited!

PREPARATION TIME	RESPONSE TIME
00:00:45	00:00:45

Is your computer starting to slow down? Would you like a larger screen? If so, stop by Bennington Computer Emporium. We carry an enormous selection of the latest models of desktops, laptops, and tablets. We also carry a huge selection of accessories. What's more, if you come in today, you'll receive an additional twenty percent off.

PREPARATION TIME	RESPONSE TIME
00:00:45	00:00:45

Questions 3-4: Describe a picture

Directions : In this part of the test, you will describe the picture on your screen in as much detail as you can. You will have 45 seconds to prepare your response. Then you will have 30 seconds to speak about the picture.

PREPARATION TIME	RESPONSE TIME
00:00:45	00:00:30

PREPARATION TIME	RESPONSE TIME
00:00:45	00:00:30

Questions 5-7: Respond to questions

Directions : In this part of the test, you will answer three questions. You will have three seconds to prepare after you hear each question. You will have 15 seconds to respond to Questions 5 and 6 and 30 seconds to respond to Question 7.

Imagine that a British marketing firm is doing research in your country. You have agreed to participate in a telephone interview about bath products such as soap.

Imagine that a British marketing firm is doing research in your country. You have agreed to participate in a telephone interview about bath products such as soap.

How many people live in your household, and who usually does the shopping for bath products such as soap?

PREPARATION TIME	RESPONSE TIME
00:00:03	00:00:15

Imagine that a British marketing firm is doing research in your country. You have agreed to participate in a telephone interview about bath products such as soap.

Do you have a favorite brand of soap? Why or why not?

PREPARATION TIME	RESPONSE TIME
00:00:03	00:00:15

Imagine that a British marketing firm is doing research in your country. You have agreed to participate in a telephone interview about bath products such as soap.

Would you ever consider purchasing soap online? Why or why not?

PREPARATION TIME	RESPONSE TIME
00:00:03	00:00:30

Questions 8-10: Respond to questions using information provided

Directions : In this part of the test, you will answer three questions based on the information provided. You will have 45 seconds to read the information before the questions begin. You will have three seconds to prepare and 15 seconds to respond to Questions 8 and 9. You will hear Question 10 two times. You will have three seconds to prepare and 30 seconds to respond to Question 10.

Harris Newspaper International

Summer Intern Interviews
April 23, 10:00 A.M.–6:00 P.M.
Interview Location: Conference Room C

Time	Name of Applicant	Department	School
10:00 A.M.	Ullie Tamsin	Accounting	Packard College
11:00 A.M.	Anna Grant	Art	Sanders College
1:00 P.M.	Melina Vokolos	Marketing	Montrose College
2:00 P.M.	Rong Liu	Advertising	Boulder University
3:00 P.M.	Fred Hanes	Art	Trenton Poly Tech
4:00 P.M.	Franca Torino	Sales	Montrose College
5:00 P.M.	Keiko Suzuki	Accounting	Trane State University

PREPARATION TIME
00:00:45

PREPARATION TIME	PREPARATION TIME	PREPARATION TIME
00:00:03	00:00:03	00:00:03

RESPONSE TIME	RESPONSE TIME	RESPONSE TIME
00:00:15	00:00:15	00:00:30

Question 11: Express an opinion

Directions : In this part of the test, you will give your opinion about a specific topic. Be sure to say as much as you can in the time allowed. You will have 45 seconds to prepare. Then you will have 60 seconds to speak.

Which of the following has the greatest influence on whether or not an author is successful? Choose ONE of the options provided below, and give specific reasons or examples to support your opinion.

- A passion for writing
- Persistence
- Support from friends and family

PREPARATION TIME	RESPONSE TIME
00:00:45	00:01:00

Questions 1-2: Read a text aloud

Directions : In this part of the test, you will read aloud the text on the screen. You will have 45 seconds to prepare. Then you will have 45 seconds to read the text aloud.

Attention, students. This Friday night, the Maytown School's yearly fund-raising dinner will be held in the cafeteria. Tickets are ten dollars per person. All money raised will benefit programs like sports, performing arts, and student government. To enjoy a delicious dinner and support our schools, purchase your tickets today!

PREPARATION TIME	RESPONSE TIME
00:00:45	00:00:45

Are you looking for a place to live? Green Meadows is a new apartment complex that can meet your needs. Our homes feature modern kitchens, hardwood floors, and spacious bedrooms. Additionally, our apartments are conveniently located near several restaurants and shops. If you're interested in visiting our properties, call Green Meadows today!

PREPARATION TIME	RESPONSE TIME
00:00:45	00:00:45

Questions 3-4: Describe a picture

Directions : In this part of the test, you will describe the picture on your screen in as much detail as you can. You will have 45 seconds to prepare your response. Then you will have 30 seconds to speak about the picture.

PREPARATION TIME	RESPONSE TIME
00:00:45	00:00:30

PREPARATION TIME	RESPONSE TIME
00:00:45	00:00:30

Questions 5-7: Respond to questions

Directions : In this part of the test, you will answer three questions. You will have three seconds to prepare after you hear each question. You will have 15 seconds to respond to Questions 5 and 6 and 30 seconds to respond to Question 7.

Imagine that a gardening magazine is preparing an article. You have agreed to answer some questions about houseplants.

Imagine that a gardening magazine is preparing an article. You have agreed to answer some questions about houseplants.

How many plants do you have in your home, and where in your home do you keep them?

PREPARATION TIME	RESPONSE TIME
00:00:03	00:00:15

Imagine that a gardening magazine is preparing an article. You have agreed to answer some questions about houseplants.

Have you ever bought flowers or other plants on the Internet? Why or why not?

PREPARATION TIME	RESPONSE TIME
00:00:03	00:00:15

Imagine that a gardening magazine is preparing an article. You have agreed to answer some questions about houseplants.

What do you think would be some challenges of growing plants inside your home?

PREPARATION TIME	RESPONSE TIME
00:00:03	00:00:30

Questions 8-10: Respond to questions using information provided

Directions : In this part of the test, you will answer three questions based on the information provided. You will have 45 seconds to read the information before the questions begin. You will have three seconds to prepare and 15 seconds to respond to Questions 8 and 9. You will hear Question 10 two times. You will have three seconds to prepare and 30 seconds to respond to Question 10.

Lakewood County Fitness Center: Group Exercise Classes

Schedule for September
Members: FREE! **Nonmembers:** $50 per class

Class	Day of the Week	Time	Instructor
Total Body Conditioning	Mondays	4:30–5:30 P.M.	Tony
Cardio Fitness Training	Mondays	6:00–7:00 P.M.	Julie
Dance for Fitness	Tuesdays	7:00–8:00 A.M.	Ann Marie
Circuit Training	Tuesdays	7:00–8:00 P.M.	Tony
Water Exercise	Thursdays	6:00–7:00 A.M.	Julie
Dance for Fitness	Saturdays	1:00–2:00 P.M.	Jee Wha

PREPARATION TIME
00:00:45

PREPARATION TIME	PREPARATION TIME	PREPARATION TIME
00:00:03	00:00:03	00:00:03

RESPONSE TIME	RESPONSE TIME	RESPONSE TIME
00:00:15	00:00:15	00:00:30

Question 11: Express an opinion

Directions : In this part of the test, you will give your opinion about a specific topic. Be sure to say as much as you can in the time allowed. You will have 45 seconds to prepare. Then you will have 60 seconds to speak.

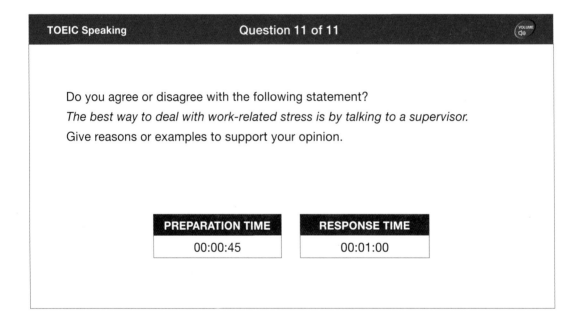

TOEIC Speaking   Question 11 of 11

Do you agree or disagree with the following statement?
The best way to deal with work-related stress is by talking to a supervisor.
Give reasons or examples to support your opinion.

PREPARATION TIME	RESPONSE TIME
00:00:45	00:01:00

10

Questions 1-2: Read a text aloud

Directions : In this part of the test, you will read aloud the text on the screen. You will have 45 seconds to prepare. Then you will have 45 seconds to read the text aloud.

A snowy weekend is expected for much of our listening area. Over the next three days, a winter storm will generate low temperatures, wind, and a few centimeters of snow. Because of the potential for poor driving conditions, be sure to allow plenty of travel time.

PREPARATION TIME	RESPONSE TIME
00:00:45	00:00:45

Tonight's business report will survey the local dairy industry, an important growth sector in our economy. Bryce County is becoming well-known for its quality milk, cheese, and butter products. Of course, this has meant increased profits for our farmers. Tonight on the show, we'll speak to a few agricultural workers involved in this success story.

PREPARATION TIME	RESPONSE TIME
00:00:45	00:00:45

Questions 3-4: Describe a picture

Directions : In this part of the test, you will describe the picture on your screen in as much detail as you can. You will have 45 seconds to prepare your response. Then you will have 30 seconds to speak about the picture.

PREPARATION TIME	RESPONSE TIME
00:00:45	00:00:30

PREPARATION TIME	RESPONSE TIME
00:00:45	00:00:30

Questions 5-7: Respond to questions

Directions : In this part of the test, you will answer three questions. You will have three seconds to prepare after you hear each question. You will have 15 seconds to respond to Questions 5 and 6 and 30 seconds to respond to Question 7.

Imagine that someone wants to open a new souvenir shop in your area. You have agreed to participate in a telephone interview about buying souvenirs, which are small items people buy to remember a place they traveled to.

Imagine that someone wants to open a new souvenir shop in your area. You have agreed to participate in a telephone interview about buying souvenirs, which are small items people buy to remember a place they traveled to.

If you wanted to give someone a souvenir to remind them of the area where you live, what would you give them, and why?

PREPARATION TIME	RESPONSE TIME
00:00:03	00:00:15

Imagine that someone wants to open a new souvenir shop in your area. You have agreed to participate in a telephone interview about buying souvenirs, which are small items people buy to remember a place they traveled to.

If a new souvenir shop opened in your area, do you think it would be successful? Why or why not?

PREPARATION TIME	RESPONSE TIME
00:00:03	00:00:15

Imagine that someone wants to open a new souvenir shop in your area. You have agreed to participate in a telephone interview about buying souvenirs, which are small items people buy to remember a place they traveled to.

If you were shopping at a souvenir shop, which of the following would you be most likely to buy, and why?

- Postcards
- Shirts
- Coffee cups

PREPARATION TIME	RESPONSE TIME
00:00:03	00:00:30

Questions 8-10: Respond to questions using information provided

Directions : In this part of the test, you will answer three questions based on the information provided. You will have 45 seconds to read the information before the questions begin. You will have three seconds to prepare and 15 seconds to respond to Questions 8 and 9. You will hear Question 10 two times. You will have three seconds to prepare and 30 seconds to respond to Question 10.

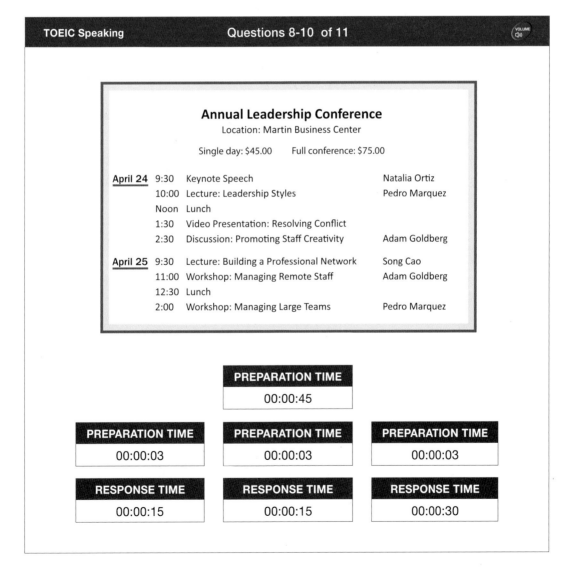

Annual Leadership Conference
Location: Martin Business Center

Single day: $45.00   Full conference: $75.00

April 24   9:30   Keynote Speech   Natalia Ortiz
             10:00 Lecture: Leadership Styles   Pedro Marquez
             Noon Lunch
             1:30   Video Presentation: Resolving Conflict
             2:30   Discussion: Promoting Staff Creativity   Adam Goldberg

April 25   9:30   Lecture: Building a Professional Network   Song Cao
             11:00 Workshop: Managing Remote Staff   Adam Goldberg
             12:30 Lunch
             2:00   Workshop: Managing Large Teams   Pedro Marquez

PREPARATION TIME
00:00:45

PREPARATION TIME	PREPARATION TIME	PREPARATION TIME
00:00:03	00:00:03	00:00:03

RESPONSE TIME	RESPONSE TIME	RESPONSE TIME
00:00:15	00:00:15	00:00:30

Question 11: Express an opinion

Directions : In this part of the test, you will give your opinion about a specific topic. Be sure to say as much as you can in the time allowed. You will have 45 seconds to prepare. Then you will have 60 seconds to speak.

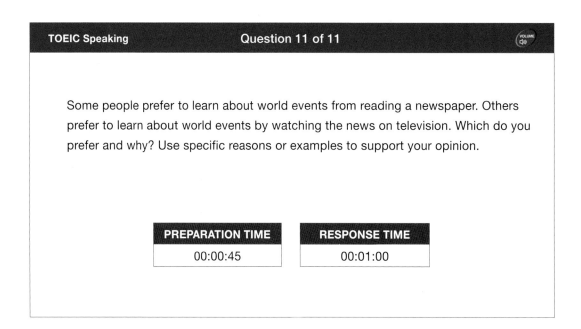

Questions 1-2: Read a text aloud

Directions : In this part of the test, you will read aloud the text on the screen. You will have 45 seconds to prepare. Then you will have 45 seconds to read the text aloud.

In traffic news, maintenance on the Wellington Bridge is affecting travelers this morning. Southbound lanes, the bike lane, and the pedestrian walkway are all closed as crews make repairs. Since the work is expected to last throughout the day, travelers are encouraged to find alternate routes across the river.

PREPARATION TIME	RESPONSE TIME
00:00:45	00:00:45

Welcome to today's tour of the Larkton Music Museum. We'll begin in the exhibit of ancient instruments from Europe, Asia, and other parts of the world. During the tour, I'll describe the historical and cultural significance of music from around the world. If you have any questions, please don't hesitate to ask me.

PREPARATION TIME	RESPONSE TIME
00:00:45	00:00:45

Questions 3-4: Describe a picture

Directions : In this part of the test, you will describe the picture on your screen in as much detail as you can. You will have 45 seconds to prepare your response. Then you will have 30 seconds to speak about the picture.

PREPARATION TIME	RESPONSE TIME
00:00:45	00:00:30

PREPARATION TIME	**RESPONSE TIME**
00:00:45	00:00:30

Questions 5-7: Respond to questions

Directions : In this part of the test, you will answer three questions. You will have three seconds to prepare after you hear each question. You will have 15 seconds to respond to Questions 5 and 6 and 30 seconds to respond to Question 7.

Imagine you are talking on the telephone to a friend who is considering moving to your area. She is asking questions about living in your area.

Imagine you are talking on the telephone to a friend who is considering moving to your area. She is asking questions about living in your area.

How long have you lived in your area, and is your workplace or school near where you live?

PREPARATION TIME	RESPONSE TIME
00:00:03	00:00:15

Imagine you are talking on the telephone to a friend who is considering moving to your area. She is asking questions about living in your area.

What forms of transportation do you usually use in your area?

PREPARATION TIME	RESPONSE TIME
00:00:03	00:00:15

Imagine you are talking on the telephone to a friend who is considering moving to your area. She is asking questions about living in your area.

Could you describe what you like best about living in your area?

PREPARATION TIME	RESPONSE TIME
00:00:03	00:00:30

Questions 8-10: Respond to questions using information provided

Directions : In this part of the test, you will answer three questions based on the information provided. You will have 45 seconds to read the information before the questions begin. You will have three seconds to prepare and 15 seconds to respond to Questions 8 and 9. You will hear Question 10 two times. You will have three seconds to prepare and 30 seconds to respond to Question 10.

Business Marketing Conference: Hopewood Conference Hall
Daily rate: $50.00   Full conference: $80.00

April 12	9:30	Workshop: Identifying Audiences	Steven Carson
	10:00	Lecture: Product Placement	Rebecca Stern
	Noon	Lunch	
	2:00	Lecture: Marketing to Special Groups	Greg Sullivan
	3:30	Discussion: Building a Global Brand	Sherri Rowen
April 13	9:30	Keynote Speech	Sandra Prida
	11:00	Lecture: Consumer Behavior Fundamentals	Brian Moller
	12:30	Lunch	
	2:00	Workshop: Online Marketing	Rebecca Stern
	3:30	Discussion: Selecting Advertising Media	Stefan Tello

PREPARATION TIME
00:00:45

PREPARATION TIME	PREPARATION TIME	PREPARATION TIME
00:00:03	00:00:03	00:00:03

RESPONSE TIME	RESPONSE TIME	RESPONSE TIME
00:00:15	00:00:15	00:00:30

Question 11: Express an opinion

Directions : In this part of the test, you will give your opinion about a specific topic. Be sure to say as much as you can in the time allowed. You will have 45 seconds to prepare. Then you will have 60 seconds to speak.

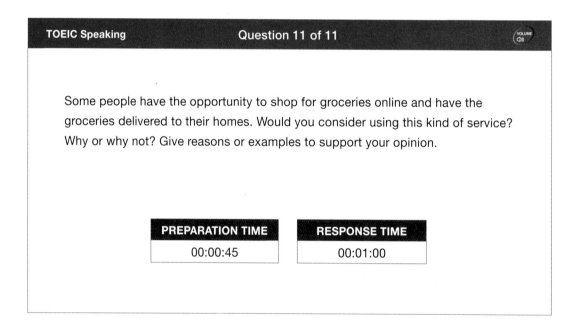

Some people have the opportunity to shop for groceries online and have the groceries delivered to their homes. Would you consider using this kind of service? Why or why not? Give reasons or examples to support your opinion.

PREPARATION TIME	RESPONSE TIME
00:00:45	00:01:00

12

Questions 1-2: Read a text aloud

Directions : In this part of the test, you will read aloud the text on the screen. You will have 45 seconds to prepare. Then you will have 45 seconds to read the text aloud.

Good evening! You're listening to Travel Music Radio, broadcasting on the air and streaming live on the Internet. Tonight, I'll be playing a variety of music from all over the globe. The selections will include jazz, pop, and rock songs. In addition, I'll be offering free passes to next week's Community Music Festival, so keep listening!

PREPARATION TIME	RESPONSE TIME
00:00:45	00:00:45

As we transition into spring, expect plenty of variety in the weekly forecast. Area residents will see a combination of rain, snow, and sun this week. As spring storms pass through our area, temperatures will be a bit higher than average. By Friday, we can finally enjoy some clear skies.

PREPARATION TIME	RESPONSE TIME
00:00:45	00:00:45

Questions 3-4: Describe a picture

Directions : In this part of the test, you will describe the picture on your screen in as much detail as you can. You will have 45 seconds to prepare your response. Then you will have 30 seconds to speak about the picture.

PREPARATION TIME	RESPONSE TIME
00:00:45	00:00:30

PREPARATION TIME	RESPONSE TIME
00:00:45	00:00:30

Questions 5-7: Respond to questions

Directions : In this part of the test, you will answer three questions. You will have three seconds to prepare after you hear each question. You will have 15 seconds to respond to Questions 5 and 6 and 30 seconds to respond to Question 7.

Imagine that a property developer is planning to build a new apartment building in your area. You have agreed to participate in an interview about apartments.

Imagine that a property developer is planning to build a new apartment building in your area. You have agreed to participate in an interview about apartments.

Do you live in an apartment or a house, and have you lived there for a long time?

PREPARATION TIME	RESPONSE TIME
00:00:03	00:00:15

Imagine that a property developer is planning to build a new apartment building in your area. You have agreed to participate in an interview about apartments.

How many different homes have you lived in, and do you plan on moving again in the future?

PREPARATION TIME	RESPONSE TIME
00:00:03	00:00:15

Imagine that a property developer is planning to build a new apartment building in your area. You have agreed to participate in an interview about apartments.

If you were looking for a new apartment to live in, which of the following would be most important to you? Why?

- The size of the apartment
- Whether pets are allowed
- Where the building is located

PREPARATION TIME	RESPONSE TIME
00:00:03	00:00:30

Questions 8-10: Respond to questions using information provided

Directions : In this part of the test, you will answer three questions based on the information provided. You will have 45 seconds to read the information before the questions begin. You will have three seconds to prepare and 15 seconds to respond to Questions 8 and 9. You will hear Question 10 two times. You will have three seconds to prepare and 30 seconds to respond to Question 10.

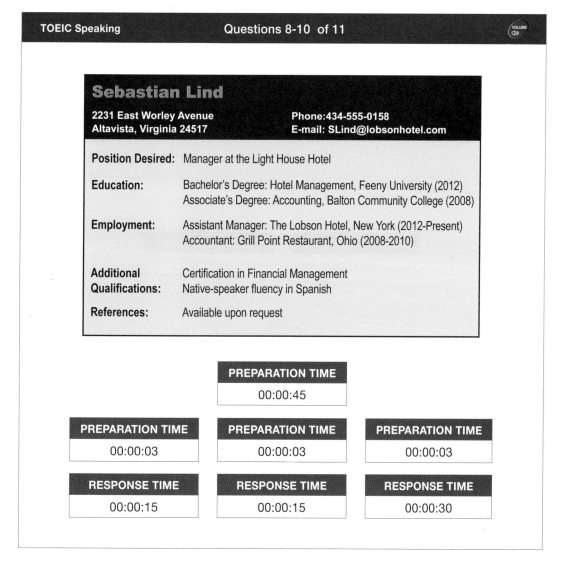

Sebastian Lind

2231 East Worley Avenue
Altavista, Virginia 24517

Phone:434-555-0158
E-mail: SLind@lobsonhotel.com

Position Desired:	Manager at the Light House Hotel
Education:	Bachelor's Degree: Hotel Management, Feeny University (2012) Associate's Degree: Accounting, Balton Community College (2008)
Employment:	Assistant Manager: The Lobson Hotel, New York (2012-Present) Accountant: Grill Point Restaurant, Ohio (2008-2010)
Additional Qualifications:	Certification in Financial Management Native-speaker fluency in Spanish
References:	Available upon request

PREPARATION TIME
00:00:45

PREPARATION TIME	PREPARATION TIME	PREPARATION TIME
00:00:03	00:00:03	00:00:03

RESPONSE TIME	RESPONSE TIME	RESPONSE TIME
00:00:15	00:00:15	00:00:30

Question 11: Express an opinion

Directions : In this part of the test, you will give your opinion about a specific topic. Be sure to say as much as you can in the time allowed. You will have 45 seconds to prepare. Then you will have 60 seconds to speak.

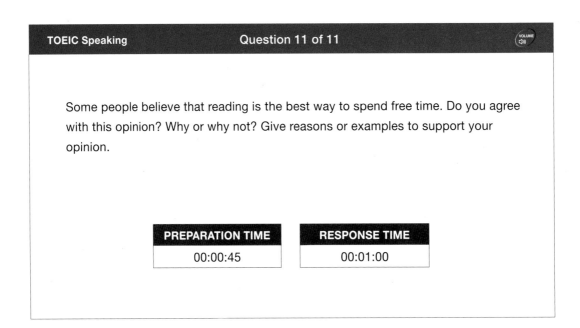

기출보다 더 좋은 수험서는 없다!

출제기관 독점 제공 TOEIC Speaking 공식실전서

ETS 토익스피킹 최신 기출 12세트

최근 한국에서 시행했던 정기시험 12회분 기출 문제

ETS 제공 모범 답변 및 고득점 팁

각 문항당 ETS가 직접 작성한 모범 답변 수록
각 문제 유형에 대한 고득점 노하우

실제 시험과 동일한 온라인 실전테스트 12회

정기시험과 동일한 Web 환경의 테스트 12회 제공
본인 답변 녹음 및 모범 답변 듣기 기능